見證幽谷之路

悲傷輔導助人者的心靈手冊

Companioning the Bereaved:

A Soulful Guide for Caregivers

Alan D. Wolfelt 著
林綺雲、李玉嬋 校閱
章惠安 譯

Companioning the Bereaved

A Soulful Guide for Caregivers

Alan D. Wolfelt, Ph.D.

目錄
contents

作者簡介

Alan Wolfelt 博士是一位國際知名的作者、講師及悲傷諮商師。以「陪伴關係」（companioning）相對於「治療」（treating）模式而知名的 Wolfelt 博士，是一位「負責任的顛覆者」，他所倡導的是：喪慟照顧是一種疼惜、以哀悼者為主導、以心靈為基礎的工作。他的照顧理念整合了西方心理學，以及東方靈性主義（尤其是佛教）的精華。

Wolfelt 博士曾是美國死亡教育與諮商協會（Association for Death Education and Counseling）死亡教育獎的得主，他在北美洲各安寧病房、醫療院所、各級學校、大專院校、殯葬機構，以及各式社區機構等領域擔任教育顧問。同時也是「失落與生命轉化中心」（Center for Loss and Life Transition）的負責人，並任教於科羅拉多大學醫學院的家醫學系。

Wolfelt 博士和任職家庭醫師的妻子蘇，育有三個孩子：梅根、克里斯多福及潔咪。他們居住於科羅拉多州，鄰近「失落與生命轉化中心」。

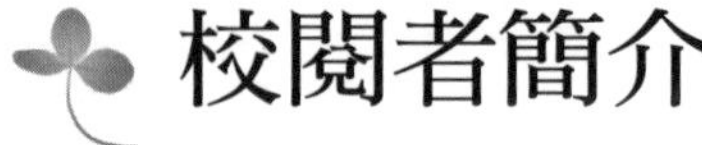

校閱者簡介

林綺雲

現職．國立臺北護理健康大學生死與健康心理諮商系教授

曾任．國立臺北護理健康大學人類發展與健康學院第一及第二任院長

．國立臺北護理健康大學生死與健康心理諮商系創系系主任

．國立臺北護理健康大學生死教育與輔導研究所創所所長

．國立臺北護理學院學生輔導中心主任、研發中心主任

．南華大學生死學系講座教授兼教育部生命教育中心執行長

．行政院心理健康促進及自殺防治會報委員

．社團法人臺灣失落關懷與諮商協會創會理事長

．社團法人臺灣生命教育學會終身會員兼理事

專長．社會學、生死學、自殺學、悲傷輔導與自殺防治（理論與實務）、意義治療、北護癒花園方案設計

學歷．東海大學社會學研究所博士

現職・國立臺北護理健康大學人類發展與健康學院院長
・國立臺北護理健康大學生死與健康心理諮商系教授
・社團法人臺灣諮商心理學會理事長
・社團法人臺北市諮商心理師公會理事長
・社團法人台灣圓緣慈善推廣協會理事長
・財團法人更生人保護會董事
・財團法人脊髓損傷基金會董事
・社團法人台灣心理腫瘤醫學學會監事
・臺北市政府心理健康委員會委員

學歷・國立臺灣師範大學教育心理與輔導研究所博士

曾任・國立臺北護理健康大學學務長
・國立臺北護理健康大學生死教育與輔導研究所所長
・國立臺北護理健康大學學生輔導中心主任

專長・醫療健康心理諮商、慢性病患團體心理治療、人工流產諮商、死亡與悲傷輔導、壓力因應與情緒管理

專業證照・諮商心理師（擅長：焦點解決短期心理諮商取向）
・醫療諮商心理次專科證書
・病情告知—溝通技巧訓練師資證書
・心理諮商督導證書

譯者簡介

現職・自由工作者
・臺灣失落關懷與諮商協會常務監事

學歷・國立臺北護理健康大學生死教育與輔導研究所碩士班
・美國加州州立大學大眾傳播研究所廣告組碩士

曾任・臺灣失落關懷與諮商協會副秘書長
・國立臺北護理健康大學生死教育與輔導研究所專案研究員
・臺灣失落關懷與諮商協會理事
・育幼院實習諮商師／國中輔導室認輔老師／安寧病房義工
・美術設計類出版品作者、季刊總編輯及編譯

涉獵研究領域・自殺心理、悲傷輔導、懷孕諮商、青少年生育保健服務、青少年親善照護

專長・悲傷輔導、臨終關懷服務、翻譯（悲傷輔導領域）、美術設計

譯作・《走在失落的幽谷：悲傷因應指引手冊》（心理出版社）
・《見證幽谷之路：悲傷輔導助人者的心靈手冊》（心理出版社）
・《悲傷治療的技術：創新的悲傷輔導實務》（心理出版社）

寫給中文讀者

對於喪慟者的照顧，這套與治療模式十分不同的陪伴哲學近年來吸引了不少知音，令人感到驕傲的是，它對全世界許多處於悲傷之中的人提供了更好的照顧。十分高興，我的陪伴哲學如今也有了中文讀者。

悲傷是人們遭逢所愛之人的死，都會踏上的一個正常、自然且必要的旅程。不分地點、種族、文化或教義信條，我們都會經歷內在的悲傷，且需要向外進行哀悼，才能獲得療癒——有一位具有同理心的照顧者來陪伴則是最理想的，因為悲傷，就像愛一樣，是人類的天性。這兩種如同雙胞胎一般存在的經驗形塑了我們的生命，使我們成為現在的樣子。

感謝你閱讀此書，並在為哀悼者服務的工作中發揮本書所提出的陪伴原則。希望它能指引你，並讓你相信，只要單純地出席他人的痛苦，且不帶評斷地傾聽，就是你最重要的「證書」。我期望能夠拜訪你們神奇的家園，跟大家見見面，希望這一天早日到來。

Alan D. Wolfelt, Ph.D.

2011 年 12 月

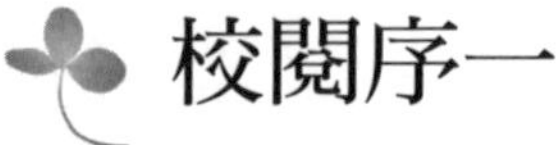

校閱序一

跨越時空連結生死的陪伴與見證

撰寫這篇序言時，我正在前往美國參加死亡教育與諮商協會（Association for Death Education and Counseling，簡稱 ADEC）第 34 屆年會的旅程上，這是十一年來我第五次出席會議。猶記得第一次是 2001 年間參加第 23 屆的年會活動，也是在那一次的會議上買到 Dr. Wolfelt 宣傳設計的兩張海報，使我與他結緣至今。一張海報標示著「我有悲傷的權利」十項條文，另外一張是畫著花園圖樣的「悲傷花園化模式」（Grief Gardening Model），宣導悲傷陪伴的理念。這張海報使我於 2004 年間建構了北護的「悲傷療癒花園」（Grief Healing Garden，簡稱癒花園），影響我的學生與臺灣的民眾，因著臺灣生命教育在兩岸四地的推廣，甚至也影響了華人地區生死教育與悲傷輔導專業的發展。

我與 Dr. Wolfelt 從未謀面，卻像是神交已久、相知相惜的朋友，我不僅因他的理念蓋了花園，也請圖書館買了他撰寫的所有書籍，極力把他介紹給學生、學界或業界的朋友。他是少數不引用當代或主流諮商或輔導理論的學者，幾乎每本書都無參考書目，他的觀點泰半來自他寶貴的實務經驗，很多書是以小本手冊的編輯方式呈現，用半天的時間即可讀完，文筆言簡意賅，字字珠璣，條理分明，令人佩服。

在當代的諮商輔導領域，Dr. Wolfelt 一直是特立獨行的學者，頗具後現代（postmodern）的學術風格，建立自成一格的學術典範；他一反傳統科學技術掛帥或專業威權的高姿態，倡導助人者與求助者的互動過程是自然陪伴，而不是輔導。尤其是當失落或死亡的事件發生，案主將經驗未曾有過的悲苦感受，然而通過幽谷才能靠近逝者，到達幽谷才能見到逝者，幽谷之路曲折程度不一，我們都無法預見那是一條怎樣的路。所以，與失落死亡或悲傷輔導有關的工作，絕對是靈性工程，這是因為逝者的國度是一個屬靈的國度，生者與死者的連結是靈性的連結，不再是活生生的生活與生命的交融。希望與生者連結的死者，會用各種方式與生者連結，到他的國度，於是生者的靈性開發與整頓將異常活絡，生者必須開發靈性的空間安頓死者的靈，將生者與死者重新整合在一起。

換言之，陪伴或輔導是心與靈的工作，不是腦的解析或方法的複製、背誦或應用。感性的連結是難以理性的做工來完成，陪伴是心連心、手牽手，一起走療傷的花園，走人生曲折的路或失落的幽谷，尋找失落的答案，直到走到人生的下一站或出口。一路不求速度，也許寸步難行，也許只想休息。在失落當下，撕裂的傷口血淋淋，我們無須站起來往前行，而是舔傷口、止痛；痛使人清醒，痛苦使人長智慧，如何沉默、沉澱，找回平靜，在逐漸清澈中找到自己，知道自己怎麼了。陪伴並非靜止，而是像水的流動，有能量，能在混濁中沉澱雜質，回到清澈，看見自己。

Dr. Wolfelt 長期發展與建立「陪伴理論」，他企圖提供助人者不是理論的理論，開發助人者既有的、內在的心靈資源，不假外求，無須太多技巧的技巧。

陪伴是愛的功課，有愛才能包容在失落或悲傷狀態的人失序、緩慢與混亂；

陪伴是懂或理解的藝術，在同理與同步過程中不會去比較、競爭或評斷；

陪伴不必急著「做」什麼，助人者不必指引案主到某一出口或給他答案；

陪伴無對錯，能面對自己人生功課的人才能同理他人的心境，陪伴他人寫人生的功課。

陪伴是學習，案主在學習，助人者也在學習，他們都不是專家……

有些人可以透過文字穿越時空影響他人，其理念與魅力可以藉一本書或一張海報傳達到每一個人的腦中與心中，引起共鳴，造成迴響。Dr. Wolfelt 這本書提供助人者陪伴的「原則」與「態度」，並無高深的方法，是一個一生都在進行陪伴工作的人才寫得出來的一本書。透過陪伴，不僅見證了案主穿過時空連結生死的心靈經驗，也見證了助人工作者專業領域的深度與廣度。

林綺雲 謹識

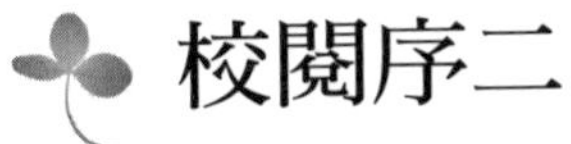

校閱序二

不避不縮地出席他人經歷苦難的心靈荒漠處
——悲傷伴行的真諦

人生有得必有失，是許多人心知肚明的事；當真正失去的那一刻發生時，苦痛悲傷得難以承受，常讓人不認為有可能撫平傷口，沒有勇氣再次去愛，以免再嚐失去之苦。此刻失落的悲傷心靈，最需要什麼？

或許這時候最有幫助的事，是有個真正關心的人出現，陪伴一旁，一同走這傷慟道路，等待受傷心靈找到自己生命的出路。

這正是本書致力於「陪伴」傷慟之人的真義。

在失去所愛的傷慟裡，有一個關愛你的人出現，陪在你身邊，彷佛再大的痛苦，都有被吸納、被轉化的可能性。

年輕人初嚐失戀痛苦，在發現周遭一半的人都失戀過，願意相信失戀之苦是可以承受的；年齡稍長之後，乍然遭遇失親之痛，感受到更大的痛苦撞擊時，有親友陪伴、分享親身經歷的喪親之慟時，那種傷痛的共鳴，似乎緩衝了痛苦難當的殺傷力。這也才更加明白，何以諺語說道：「有人分享的快樂是加倍快樂，有人分擔的痛苦是減半地輕。」喪親悲傷之路有人伴行，同意你用自己的方式悲傷，或許正是療癒心傷的開始。

早在我們的喪葬風俗裡，就透露著對失去親人的親友最需要做的事。喪親事實發生時，職場給喪假，讓家人可以返家互相陪伴、互相扶持，一起攜手共同處理喪事，平撫傷心心情；喪禮儀式，有家祭、公祭禮儀，讓親朋好友齊聚一起，適時送上慰問與溫暖的陪伴，讓喪親家人可以多些力量承擔心傷繼續走下去。這些都是在創造我們提供陪伴的儀式，對失去親人的親友最需要做的就是出席親友的痛苦情境，陪伴他，提供支持；不必急著為他解除痛苦，不避不縮地與他一起進入心靈的荒漠，容許失序與混亂，以見證他的苦難歷程；發揮陪伴靜默時與之同在的力量，在話語交談或是沉默陪伴時刻裡一起捕捉生命新體驗的奧妙。這就是本書作者 Alan D. Wolfelt 誠摯提出陪伴悲傷者的原則與做法，鼓勵我們看重伴行的力量。

生活中我們常擔心形單影孤之人，對於人多勢眾的人多好辦事比較放心，就是看重陪伴的力量。不管一個人力量可能多渺小，小兵也能立大功，積沙成塔、眾志成城，也正是陪伴所能給出的力量。但陪伴該怎麼做，才不會變成瞎攪和，而能陪伴悲傷者轉化出新生命的體悟？深諳陪伴竅門的 Dr. Wolfelt 提出喪慟中伴行的照顧指引，以園丁的概念，細指如何陪伴心傷者在失落花園裡慢慢栽種希望的種子，以聆聽代替分析，以了解代替指導，以現身說法代替教條，以陪伴滋養心靈，以珍惜療癒心傷。

沒有陪伴，就沒有療癒；在我正經歷喪親之慟的路上，周邊每一位親朋好友的關心與陪伴，給了我溫暖與力量，彷彿伴我在悲傷中前行，多了些力量與希望。

李玉嬋 謹識

譯者序

記得2006年至美國科羅拉多州參加美國自殺學會（American Association of Suicidology）年會時，*Companioning the Bereaved* 一書正熱騰騰地剛出爐，我在會場一口氣買了好幾本Dr. Wolfelt的好書，這本書就是其中之一。

由於之前在國立臺北護理健康大學隨著林綺雲教授建置悲傷輔導領域十分知名的悲傷療癒花園——「癒花園」時，就對此花園的理念創始人Dr. Wolfelt的悲傷陪伴概念十分景仰。有了 *Companioning the Bereaved* 一書，無論是在實務上的悲傷服務，或教學上的悲傷輔導內容，都有了很實用的資源。自身經歷多次重大失落的我，加上經年在悲傷輔導領域的服務經驗，對於書中所提的種種陪伴情境和對悲傷心靈解析的觀點，真是心有戚戚，心中總是不由自主地回應著：「對呀，對呀，真的是這樣……！」

多年來，將此書翻譯成中文一直是我的心願，耐心等待了五年多，終於有機會將它完成。使我聯想到 Wolfelt 在書中一再提到的祈禱文：「不企求速度、神奇動力、不惦記結果。」是的，對於這本書，我也是抱持著類似的心情：不企求速度—— 總有一天可以達成願望；神奇動力——時間對了，它就發生了；不惦記結果—— 它是一本好書，我只是希望可以跟更多閱讀中文的讀者一起分享。無論是專業助人者，或關注悲傷議題的一般大眾，都很適合運用這本書作為照顧悲傷中人或自我照顧的資源。

在此首先要感謝兩位夥伴，林君諭及王雪蓮，她們打從一開始的翻譯工作就陪著我一路校稿、分享讀後心得、斟酌討論字句用語，花了很多心力，也成為這本書的基本知音。其次要謝謝本書的校閱學者，林綺雲及李玉嬋兩位老師，她們不但是我的恩師，也是我十年來悲傷歷程的見證者、陪伴人。還有一位多年的悲傷陪伴者，朱憶華老師，感謝她為我建造的安全空間，聽我說、讓我哭、等待我、陪伴我，讓我從自己的力量中找到重新過活的動力。最後要感謝的是我的麻吉，Meikou，感謝他對我在生活、工作及心靈上無微不至的照顧。謹以此書獻給所有在悲傷輔導領域一起努力的國內、外師長與夥伴。

章惠安於石牌
2011 年 11 月 13 日

悲傷照顧在心靈層面的理念：陪伴喪慟者的藝術

序言

撰寫此書的用意

「毫不意外地，當文化步入充滿資訊與科技的時代，我們似乎卻越發地拙於表達心事。我們量化『人類行為』，又為治療和處遇研發方案；然而強行整修心靈使它符合我們用科學發展出來的方案，其實並沒有發揮多大作用。當我們與心靈短兵相接時才發現，它還是有一連串的問題，那些方案算不上是既有創意又具建設性的生命源頭。」

——湯瑪斯．摩爾（Thomas Moore）

悲傷的背後深藏著難以理解的謎團。我終於發現悲傷是生命經驗的深度，是無法用理性思考去接近的；相對的，它卻更加適切地回應了謙卑的心靈。在這個想法下，我邀請你打開心房，讓該來的進來吧！

「陪伴」喪慟者的原則，是我多年前在「失落與生命轉化中心」（Center for Loss and Life Transition）的追思園中，獨坐於露臺時所寫下的。那正是心中對生命充滿感恩的時刻，鼓勵了我試著用言辭表達出與哀傷者相處時，我是如何進行「陪伴」的。很榮幸的，許多人都曾經鼓勵我多傳授一些跟這理念有關的事，於是我用謙卑的心寫下這些原則，渴望能夠協助助人者用以幫助其他處於悲傷失落中的人。

這本專書是期待已久的產物，而且也是我感到引以為傲的一部著作。許多同事和學生不時地催促我出版這麼一本書，然而我覺得，在能夠用言辭敘述出陪伴哀傷者的藝術之前，還需要有所等待、傾聽和學習。重要的是，寫這本書的方式和調性跟我想要傳達的想法應該是一致的。我發現自己需要時間來等待，好讓我能夠把思緒整合起來，找到傳授這些信念的好方法，也是在幫助他人從悲傷的黑暗走進活著的光輝直到老死的努力中，好好「做自己」的方式。相信這樣的等待，也屬於我自己成長過程的一部分。

很高興已有成千上萬的人形成國際網絡，跟我一起接受了有關照顧哀傷者之陪伴理念的訓練；但當許多同事不是用猜想的，就是質疑、推論，或說真的，有時甚至評斷我所做的事情時，這本書似乎還是有其存在的必要。換句話說，這書就是要「出櫃」來做個「負責任的顛覆者」（responsible rebel）。

負責任的顛覆者

有人對於有關悲傷與失落的假設認知模式提出質疑，並挑戰那些特有的理論。顛覆者雖然無懼於推翻已建立的架構及形式，但他們也尊重別人有權使用不同模式去理解悲傷歷程，並提出給予增強而非削弱氣勢的引領方式。基於此，如果本書內容能夠引起你的共鳴，就歡迎你跟我一起加入這個顛覆陣線。

總而言之，我深深希望這本書能夠成為激勵人心的源頭，可以幫助那些想要學習更多有關陪伴哀傷者這門藝術的人。根據我的經驗，有些助人狀況比我們單單幫助那些失落悲傷者的工作本身更具挑戰性——或更有收穫。或許當心有悲悽時，發自人類內心深處相互回應的能力，才是持續豐富我們生命中每一時刻的力量。

為何它是「心靈」的指南？

當哀傷者來到我面前尋求協助時，他所呈現的是他的心靈。脆弱的他們是如此信任我，看著他們絞盡腦汁地想用言辭表達悲傷時，可以感覺到我們其實相遇在心靈的層面。面對這些失去了珍愛之人的哀悼者，從他們的眼眸看進其心靈深處，就真實感受到靈魂之窗的震撼。

他們願意讓我同行並向他們學習，這便是一堂心靈相通的課程；當我有幸與他們為伴時，在所經驗的特質中，就能夠感受到那種「靈犀相通」。如果我一心專注於心靈底層的真義與整體性，如果他們正好找到繼續活下去的理由（重新定義他們的世界觀，找到人生意義），他們的心靈就豐盛了起來，而我也一樣。因此對我來說，陪伴哀傷的人就是專注於自己的和我所要幫助的人的生命經驗，那是一種既豐富又具深度的意義。

心靈因著人心受到撫慰的觸動而產生改變，一顆哀傷的心若是有所開放，就變成一口「感受之井」（well of reception），能夠全然因感受到的事情而轉變。心靈也跟生命故事的整個歷程有關，是深層內在意義的代表。心靈不是一件事，而是生命和生活經驗的深度。我把心靈視為我們真實天性的重要基礎，是我們自身的靈魂、我們生命的力量。

談到對哀傷者的陪伴，在心靈層面上得先了解，人們需要一個「安全的地方」，才能敞開心房，真真實實地進行哀悼。而要能回應這項需求，就要回看自己，先培育和發展自己的心靈，學會同理表達。我正希望，這本書可以幫助人們做到這一點。

哀傷不是疾病：我們現今對悲傷失落的了解，大多環繞著錯誤的假設

當青少年的我經驗到生命中的失落，嘗試著找尋可以幫助人們從悲傷中痊癒的理論，期望著能夠跟任何人討論這些理論，期望有人願意聽聽我的故事；然而令人氣餒的是，竟發現大多數悲傷諮商的關懷模式都與醫療模式或心理衛生照護結合在一起。

在現代社會中，許多關懷照顧者對悲傷的認知已經醫學化了，悲傷被視為是一種疾病，只要有正確的評估、診斷和處遇，就能夠治癒。這套模式使得身為照顧者的我們學習且吸取了大量知識，成為專家，並肩負起「治癒」病人的責任。這是多麼自負的想法啊！

我們為哀傷者服務時，給予心理支持所使用的語言透露著我們對這個會談的態度和信念，同時也決定了我們服務的性質。由於心理治療歷來就有無數的理念深深扎根於醫療模式，又由於醫療模式比其他方法更具科學化，且基於經濟效益，這類服務需與健保系統相結合，因此醫療用語自然而然便出現在對話之中。

只要稍稍注意，就冷不防地在悲傷諮商語言中發現這些字眼：病症、疾患、診斷，還有治療。因著教學的需要，我自行摸索並發現這些偏向臨床及醫療模式的做法真是處處深受限制。

我發覺現今對悲傷的了解，都太注重於發展「成功」的哀悼，當事人必須「對逝者放手」，也就是所謂的「放下」。坊間甚至有各式各樣的書籍，充斥著各種技巧教導我們如何去協助他人「放下」，或「結束」悲傷。

實際上，我覺得現今悲傷諮商模式最缺乏的，其實應該是一種我們可稱之為「心靈營養品」的東西。我非常清楚，身為進入悲傷歷程的伴行者，我們需要更多能夠從生命給出的、充滿希望的模式，它不只是心智和身體的結合，同時也是心靈與精神的結合！我發現自己倒是與某些作者的論調有更多的共鳴，像是拉姆·達斯（Ram Das）、史蒂芬·雷凡（Stephen Levine）、弗蘭克（Victor Frankl）、希爾曼（James Hillman）、湯瑪斯·摩爾以及榮格（Carl Jung）。

事實上，榮格的理念使我了解到每一心理層面的難題，最後都跟精神需求有關。因此，當身為人類的我們進行哀悼時，必須要在失去所愛之人後，仍然找到繼續活下去的意義，死亡與悲傷正是心境和心靈的精神之旅。

然而，根據現今西方文化對於悲傷的了解，卻往往傾向於敦促哀悼者否認任何與死者有關的情結與形式。許多心理治療專業認為，人們持續維持著與死者關係的表現中，根植著「病灶」的徵象。實際上，哀悼者自己會主動轉化這種關係，將曾經存在的人轉換成對他的記憶，或如同劇作家安德森（Robert Anderson）充滿智慧的說法：「死亡是生命的結束，但它並非關係的結束。」相反的，許多其他文化在整個歷史脈絡中，卻會以某種形式鼓勵人們與死者保存持續且相互依存的關係。不但認知到可以用記憶來保存持續的關係，許多文化甚至讓喪慟者進行儀式來鼓勵這種適切的懷念，像墨西哥習俗中的「亡者之日」就是一例。

我們現今對悲傷的了解使我們常把完成任務、消除痛苦和建立新關係當作是結束悲傷的成果。但我看到的卻是，許多把悲傷弄得很科學化的心理治療專業，就這麼俐落地用臨床語言把複雜的情緒給隔絕了。

我們現今對悲傷的了解，使我們用了太多「復原」或「解決」的字眼來暗示著人們應該要回到「常態」。復原，對一些哀悼者或助人者來說，被誤導為是一種絕佳的重建。我們似乎想要有效而快速地繞過「負面」心情和情緒，然而，我想到的卻是，如果身為助人者的我們應在第一時間觀察到真實心靈的樣貌，我們就該放棄這個所謂「解決的盼望」（resolution wish）。

「負面」情緒

悲傷情緒經常被視為是「負面」的，被看成它們天生就是一種不好的情緒經驗。這樣的評價深植在文化之中，使我們對它抱著拒絕或需要「克服」的態度。但事實上，這些因煩憂而引發的情緒正是陪伴者需要注意的地方，這表示哀悼的人有其特殊需求，他們需要的是支持與撫慰。情緒沒有好壞，這是免不了的。

解決的盼望

我們期望悲傷會化解，希望這是單一事件，是會結束的。我們希望可以在某天醒來，痛苦的想法和感覺就都「結束」了。但事實上，悲傷不會化解消失，我們將學會與它和解，悲傷是可以轉化的，而且會改變我們的人生。

我們現今對悲傷的了解，使得有些人以危機理論為基礎，主張生命是存在於自我平衡中的狀態，因此當變故發生時（像是所愛的人辭世），就使這個人失去了平衡。助人者所學習到的是以重建先前的自我平衡狀態，並回復到「正常」運作為介入目標。這理論唯一的問題就是：根本無效。為什麼呢？因為所愛的人死去了，人生就永遠地改變了。我們因悲傷而轉化，並不會因外力介入而回到原先「正常」的狀態。

我們現今對悲傷的了解，使我們太常把正常的經驗作為「診斷病情」的依據。傳統心理學大部分都把注意焦點放在診斷與處遇病症並尋求治癒的方法上，對於自然的情緒反應與精神方面的照顧較不注重。正如某位作者曾說：「單單專注在病情診斷上，是我們這個專業的大宗，卻導致人們缺乏賴以存活的正向價值。」

我們現今對悲傷的了解，使我們常把哀傷私密化，看作是一種被隔絕的個人經驗。哀悼，其定義的本質──「一種回應失落的社會性分享」──應該被放在像社會或家庭等較廣的生活情境中來看待。事實上，在悲傷境遇中被認為「狀況不好」的人，往往都是想要為其家庭系統尋求支持的人。

總之，我發現在過去十二年以學院為基礎的訓練下，加上閱讀手邊悲傷諮商相關書籍後，我們對悲傷的了解真的缺乏對於精神與心靈層面的注重和關切，而這其實才是悲傷歷程的本質所在。如同弗蘭克、佛洛姆（Fromm）及榮格多年前所提（近年則有希爾曼和摩爾提出），學院派的心理學太過於倚賴自然科學及其實驗方法，而好以分量、數字或客觀陳述來看待悲傷。

我們有些人忽略了悲傷歷程其實是一趟心靈之旅，這往往不是我們自己本身的錯，而是正統訓練帶來的謬誤觀念。我們需要對現今眾人於哀傷關懷所做的事有不同的想法和反應。在這個社會上，雖然人們很重視悲傷需要處理的事實，然而大夥兒對於悲傷本質的誤解，卻影響了我們處理悲傷的能力與智慧。

本書嘗試打破實務上企圖壓抑悲傷者和家庭的做法，並對有需要的人提供食糧，以反映對傳統治療理念應有所質疑的重要性。更重要的是本書內容根據「陪伴」的理念提出了另類關懷模式，而非「治療」某位處於悲傷的夥伴。

認真來做自我觀察就會發現，我們太過依賴所學的心理、生理和心理動力等理論架構來「治癒」所謂的憂鬱、焦慮或失控感等症狀。我們可能會為了要獲得學術上的認可，而成為自己最兇悍的敵人。我們可能會為了要在心理衛生的領域中獲得一席之地，而忘了尊重真正需要我們關懷疼惜的人們！

無庸置疑的是悲傷旅程需要沉靜下來，進入內心世界；換句話說，它正是需要進入憂鬱、焦慮和失控的階段，需要進入茫然困惑的境界，唯有無言與空虛才能讓我們的心思對失落的莊嚴性有所關注，於是能夠重新尋獲生命的目標、重新看見愛的真義、使生命重生！尋找意義，找出打起精神來的理由，且洞悉失落之痛，這些並不屬於醫療模式的一環。過去的經驗讓我學到，是哀傷的神祕性和它的靈性層面引領著我們繼續存活，直到我們也死去。

照顧哀傷者的其他影響因素

此外，近數十年來，也發現一些在文化上、科技上，以及人口統計學上的差異，形塑了我們現今對悲傷和悲傷照顧更多的了解：

我們第一次生活在一個沒有死亡的世代

現代社會，許多人活到四、五十歲都還沒有經歷過喪親之慟。現今，美國每年死亡人數裡有三分之二都超過六十五歲以上。

然而 1900 年代初期，大多數的孩子在十歲前就有參加喪禮的經驗（在 1900 年時，美國每年死亡人數中，超過半數是未滿十五歲的孩子）。老化、生病和死亡，是家庭生活中每天都會遇到的事情。當然，我們很珍視先進的醫療，它降低了死亡率，延長人類的壽命，但它也使我們遠離老化、病痛、死亡和悲傷。

我們生活在步調快速的文化

你是否曾注意到，在我們的文化中，人們是多麼喜歡什麼事都要快？看來，效率和速度經常比影響來得重要；但悲傷這件事是快不了的，而且人們也不可能「克服它」。

我們與他人沒有連結

起初，很多人對社區沒什麼概念，人們開始跟周遭的人共享生活才是不久之前的事。一代又一代之後，一些家庭聚集形成一個城鎮，或範圍更大地形成了州。鄰居們會走訪屋前門廊，一起聚餐或互相幫忙照顧孩子，大家互相認識、互相關懷。而如今的狀況，卻是歷史上從未出現過的情形，很多人感到孤單並且離群索居。

近年有個研究發現，71%的美國人不認識他們的鄰居。成人跟小孩一樣，生活在陌生的人群裡。自稱從不跟鄰居打交道的人數，是過去二十年的兩倍。

我們從一個以基本關係為主的國家，演化到一個以間接關係為主的國家。基本關係是指人們以不同角色相互認識——扮演著朋友、鄰居、同事的角色。間接關係則是人們只是互相認識，我們可能坐在某人旁邊工作，但卻對他一無所知——他住哪？是否有其他家人？他有什麼嗜好？

當連上了網路，我們更是跟人斷了線。我們最先進的科技創造了新種人類，一種一頭栽入機器而非人群的人種，有些人甚至透過電子郵件說的話比跟自己家人說的還要多。

我們太重視一切靠自己

是否曾注意到，現在書店裡最大宗的分類就是自助類的書籍？生活在一個嚴峻的個人主義和獨立自主的世代，我們獎勵人們凡事「自己完成」。我們有多少人在成長過程將北美的一句格言奉為圭臬：「如果你希望把一件事做好，就自己動手。」然而，當生命中的某人去世了，你必須要有人可以互相依靠，跟周遭的人搭上關係，才能療癒。簡而言之，嚴峻的個人主義和哀悼這兩件事是無法好好融合的。

我們失去了象徵死亡的圖騰

在史學家阿黎耶斯（Philippe Ariès）所著的*The Hour of Our Death*一書中，曾提及在藝術或文學，以及葬禮儀式中代表死亡的圖騰。他認為可以象徵死亡的東西，在現代的北美文化中已經不再重要了，老一輩所留下得以持續活下去的意義和連結感也隨之而去，我很同意這說法。

比如說，過去喪慟中的家屬會穿著表達哀悼的服裝或戴孝，通常是黑色的，象徵著他們的哀戚。在某些次文化中，家有喪事，會在門前掛上花環，讓他人知道，他們所愛的人往生了；但現今我們甚至看不出來哪些人正在服喪。又有些時候，出現在喪禮和墓地用以追思的花籃、花圈，這另一種死亡象徵如今也被剝奪了。取而代之的，我們選擇較為實際但缺乏靈性的奠儀：「請以奉獻代替鮮花……」。

對於象徵死亡最極致的東西，恐怕就是我們越來越不想面對的死者遺體。當我們探視遺體或在喪禮瞻仰儀容時，遺體本身可促使哀悼者面對並確認死亡的事實。當然，反對探視遺體的人經常將之視為是一種不合宜、昂貴、不夠莊嚴且不必要的安排。但探視遺體並花一些時間與往生者相處，可以讓我們好好跟他說再見，並在視覺上對失去所愛這件事有所確認。在過去，遺體所在之處常是進行哀悼的場所，喪慟者來到逝者的家裡瞻仰遺體，致最後的敬意，並對主要服喪者提供支持；事實上，遺體通常是擺放好幾天後才會埋葬。如今，我們卻對封閉式的棺木日復倚賴，而且也不舉行儀式就直接送入焚化爐，我們已經忘記這種傳統的重要性了。

正如阿黎耶斯在書中所寫的：「嚴格地說，（死亡在我們社會中所扮演的角色之）改變在於，消失在公眾視線的不只是死亡本身，還有它所象徵的東西。將其視為密不可探的、屬於家庭私事的，或在醫院隱姓埋名的避諱話題，死亡不再擁有任何代表符號。」當極力排除象徵死亡圖騰的同時，我們顯然也在消弭有關於死亡的儀式，然而這儀式是具有豐富歷史意義的象徵，它提醒了我們有關他人的以及我們自己的死亡。

北美文化的去儀式社會

除了死亡圖騰的消失，更重大的議題是，我們的文化似乎也遺忘了圍繞著生與死所該有的儀式的重要性。死亡儀式和典禮自有人類以來，就是我們生活的一部分。世上那些早我們先走一步的人——事實上都是我們的祖先——在儀式裡擁抱了生與死，無論是迎接新生命的到來、一起分享豐盛的一餐、慶祝豐收或埋葬逝者，儀式都是他們日常生活的重心。新生命的誕生、生命的逝去和大多數生命中重要的轉變，都伴隨著典禮儀式。

典禮是我們用以讚頌從生到死各種人生大事的方法；然而，近幾年，北美洲卻有越來越多的人質疑規劃和參加典禮的價值所在。很不幸的是，一般認為「受過教育的」和「生活較為講究的」人似乎比較不需要透過公開儀式表達悲傷。「處理」完死者並趕快回到「正常生活」成為一種趨勢，而且與日俱增。問題是，如果不肯面對死亡的重大意涵，我們就不會明白生命的意義！

我們否認人類的腐朽

一位婦女曾對我說：「我不會死。」不是只有她這麼想，現今北美洲很多人都否認自己會死的事實。作家艾里昂（Paul Irion）對這現象的回應是：「只會假設自己不會受傷的人，就是極度會受傷；因而若承認了那個事實，就表示完全沒有抵抗力。」換句話說，沒有其他更好的辦法勝過否認自己的死亡。

佛洛依德在他的《論文集》（*Collected Papers*）一書中也提到這個議題，他的結論是：「總之，沒人相信他自己的死亡；或換個說法，無意識地，我們每個人都確信自己是不朽的。」

總而言之，在過去，死亡和悲傷是我們每天生活中常有的經驗，現在卻變成了陌生事件。偶爾它們上前來敲門，我們卻無法迎接和擁抱它，可說毫無招架能力。

哀慟迅速的人有福了：官方照護制度與哀傷的快速「解決」

各位讀者中可能有許多人體驗到，近年來政府所發展的健康保險制度其實是為了因應保險業者的需求，以限制健康照護（包括心理衛生）的利益。通常是由代表著各式各樣健保計畫的審核機制來決定心理師跟案主的會談該有幾次，並觀察案主後續的進展而決定是否可通融多談幾次。1999 年美國的一份調查報告發現，80%的執業者感覺他們在心理照護方面失去了身為臨床助人者該有的掌控權（比如說，照護的形式與時程）。

還有就是，健保制度使得我們必須跟保密、書面資料工作量，以及晤談形式與次數的掌控等議題較勁。這正是國家健保制度底下深層的隱憂，這類話題經常出現在我與前來參加工作坊或打電話來的悲傷輔導諮商師和治療師的對話中。

我更關心的是，現代心理衛生在現行健康保險制度下，如何回應喪慟者的需求。很顯然地，身為助人者的我們，並不能在見了案主兩、三次面後就幫他把悲傷「解決掉」；然而我們所謂的「先進文化」卻認為，人們可以快速且有效地克服悲傷，但事實並非如此。這種普遍的短期取向心理衛生照護模式，意味著實際上需要心和靈性參與的精神之旅，卻是用著理性與制度的考量在進行服務。著名的 *The Heroic Client* 一書中有很好的描述：「結論：心理衛生流行採用醫療模式，而且充斥著專業的論述，以致我們忽略了其隱伏的影響。」

由於醫療模式本身並沒什麼不對，一般大眾卻經年深受其害。有些人會從諮商關係著手，但主訴還是會說：「希望你能治好我，越快越好。告訴我要如何做才能結束悲傷，我會好好照著做。」然而，想要使悲傷療癒，必須先向內看去、放慢腳步、接納痛苦，然後尋求並接受支持。我在「失落與生命轉化中心」不斷見到以為自己必須想辦法消除悲傷徵狀的案主，他們要求：「幫我解除這些困惑、麻木和缺乏自信的感覺。」如果我立刻依照大多數北美文化認為我該做的去進行，就會把正常的悲傷與哀悼所表現的樣貌從哀傷者身上奪走。相反地，我會試著「去注意」、「保持尊重」，並滋養那些必須艱辛面對哀悼情境的心靈。

快速治癒的結果，事實上卻可能導致壓抑正常的悲傷徵狀，但這要付出什麼樣的代價呢？被壓抑的思緒和感覺總是會再現，縈繞著人們的心頭，揮之不去。如果我們想要抗拒哀傷帶來的巨大力量，無可避免的是，它將會透過更大的餘波表現出來，比如說關係出現問題、沉溺的行為、長期憂鬱等。我經常稱這些現象為活在悲傷的「陰魂」裡（請見第 33 頁）。

北美目前的心理衛生照護方式其實是針對複雜性哀悼的症狀而進行的，此模式鼓勵人們否認他們的感受，而非建立安全的地方或庇護所，讓受傷的人們在腦袋和心靈都準備好了之後，能夠好好地哀悼。痛苦和失落感被視為不必要且不適切的反應，但其實只有在安全的人面前和安全的地方，我們才能面對自己的傷口，跟死亡與失落做最終極的「和解」，而不是解決它。

庇護所

一個讓我們可以躲避外在索求的地方；一個哀悼者可以自由自在與外界脫離的空間；一個可以向內心探索並暫停日常活動，卻又不會被催促或受人奚落的地方。

目前的理念事實上只是一些加強摧毀性的社交語言，像「節哀順變」、「振作起來」、「讓自己忙一點」等。似乎我們現在所持的照顧模式，是想把人們內心深處對痛苦和失落的感受隔絕起來，而非提供他們可以哀悼的場所。

政府所提供的健保將重點放在短期、外顯、可測量的悲傷「進展」，似乎把哀傷的人拉回工作崗位，比重建失落的心靈更加重要。根據我的經驗，許多官方健保機構所提供的審核機制，都倡導認知行為治療。問題是，當我們逐漸發現有關生與死的大事必須要用感受來療癒時，又怎能要求悲傷者只是經歷用想的認知階段，就可以從哀傷中得到療癒。官方照護制度所強調的是「解決」哀傷者腦袋裡的失落，而非他內心的失落。

失落跟心靈深處的癒合不會因我們三不五時插播的諄諄教導而發生，悲傷也不會因按時索費就療癒。心靈的療癒並不是跟著時鐘走的，當需要接納悲傷時，加快腳步絕對不是最好的選擇。

助人者不能像製作速成果凍一般，建立速食即成的關係和安全感。使失落與生命癒合的重要成分，就是從另一個人那邊得到積極的同理。太快宣稱你了解他人深處的悲傷是一種謊言，也是一種侮辱。

當然，如果哀傷被視為是正常的反應（需要長時間的支持和慈悲地了解），而非需要根絕的疾患，我們甚至會有更多的問題。為什麼呢？因為現在我們至少還可以引用 DSM-IV（*Diagnostic and Statistical Manual of Mental Disorders, Fourth Edition*, APA 2000）裡具有誤導性的語言說，這是「適應性疾患伴隨情緒性障礙」來為哀傷者申請幾節晤談費的補助（然而這個在全美的諮商師辦公室每天都上演的戲碼，也有人質疑其是否有執業倫理的問題）。反過來說，如果我們錯將「正常的哀慟」項目勾選起來，就可能會接到審核單位的電話或回信說「無需晤談」。

《聖經》中耳熟能詳的論福篇說：「哀慟的人有福了！因為他們必得安慰。」而現今官方健保制度的版本可能記載著：「哀慟快速且對精簡諮商技巧反應良好的人有福了，因他們必符合我們治療成功的標準。」

「精簡版」治療：官方健保的悲傷諮商方式

1.「嗨！」

這是我們語言中最簡短而友善的字之一。一個「嗨」就能發展出立即的友善關係，並有效地對哀悼者表達認同（避免使用更多的字，像是「哈囉」、「午安」，這要花比較多的時間）。

2.「是哪一位往生了呢？」

這個封閉式的問句正中下懷，可使案主（快速）敘說她的故事，有助於把所有相關訊息串接在一起，用一句話說完：「我結婚十年的42歲老公，福瑞，三個月前因癌症往生，留下我跟兩個孩子，6 歲的兒子傑克及 8 歲的女兒漢娜。」避免像「你好嗎？」這樣的開放式問句，以免讓她有機會打開潘朵拉的盒子，傾吐經歷悲傷事件的想法和感受。

3.「我很難過！」

這句話表達了同理與關心。畢竟你也感到難過，說話的同時，深具意義地看著案主的眼眸。而且，如果你在最初 5 分鐘建立關係的階段做得很成功的話，此時就可以伸出手去拍拍她。

4.「喔，是啊，是啊，」

這是說出「我很難過!」引發對方哭泣之後所用的句子，非常好用。「喔，是啊，是啊」，就是「再度表達我很難過，不過你別浪費時間在我會談室裡哭，趕快停止吧」的官方說法。

5.「時間可以治療一切，」

這個很實用的陳腔濫調可以用來向案主保證，她會從這個失落中獲得療癒，讓她對未來抱持希望。然而，療癒要花時間，但時間卻是你們兩人之間最缺乏的東西，所以現在就進入第六步驟吧。

6.「請多保重。」

一句充滿關愛又斬釘截鐵的用語結束了這個晤談，聽起來十分有禮貌又能夠同理案主，但這句話同樣也意味著療癒的重擔再度放回哀悼者身上，就像是在說：「你好好照顧自己，並且要靠自己的努力啦，因為我們就到此為止。」

如上所述的「精簡版」治療，正是一個符合國家健保制度的哀傷療癒做法，既經濟實惠又有效率，整個晤談時間：10 分鐘。

「陪伴」哀傷夥伴的基本原則

我始終覺得「治療」（treat）一詞充滿了陰謀，它的英文來自拉丁文字根「tractare」，原來是「拖拉」的意思。如果我們把它跟「病人」（patient）用在一起，就真的會落入麻煩。「Patient」的意思是「被動的長期受苦者」，於是當我們治療病人時，這意思就變成了拖拉被動的長期受苦者。簡單地說，那根本起不了什麼作用。

從另一方面來說，「同伴」（companion）一詞，把英文依照拉丁字根拆開來看是「軍中夥伴」（messmate）的意思：「com」是「與」之意，「pan」就是「麵包」。意味著一個能夠讓你跟他分享一餐的朋友，你們是平等的。而我刻意選擇名詞「companion」，並把它當作動名詞「companioning」來用，這樣才能夠真實抓住我所支持並倡導的諮商關係形式：想像這個陪伴——就是跟案主一起坐在桌邊、兩人面對面、與對方分享、親密交談，並停留在受到包容與理解的夥伴關係中。

與喪慟者作伴，並非去評估、分析、矯治或解除案主的悲傷，而是全然與哀悼者共存在悲傷氣氛中，甚至成為她靈魂的暫時守護者。

陪伴模式是根植在「告訴我」的觀點，是在學習和觀察的互動中進行。事實上「觀察」（observance）在英文的意思就是儀式，它不只是「密切地觀照」，也包含著「保持敬意」以及「見證」的意涵，而陪伴的真正重點就在於助人者是否留意到自己應該從中學習的必要性。

如果你想要支持悲傷中的夥伴，就必須為他們提供一個「安全的場所」，以接納他們深切的失落感。這安全的場所就是一顆淨空而悲憫的心，是開放的心胸，可以讓你真實地進入另一個人非常私密的痛苦中。

身為一位悲傷助人者，我們要做的是同伴的角色，而不是「指導者」──也就是說，別人的內心感受不是我們可以代言的。陪伴他人就是觀照和學習的過程，認知到自己有學習的必要（剛好跟想要表現專業的作為相反），才是真正陪伴的重點。

陪伴哀悼者的重心正是一種尊重當事人事件的藝術。尊重這件事的發生，我們需要慢下腳步、進入內心深處，並真正聽見對方對失落的陳述、對痛苦的接納、對過往的回顧，以及對意義所在的追尋。

當然，陪伴的行為和理念在於親切，親切是學會如何在社會上過活的基本態度。對於古代希臘人來說，親切地款待客人是每天生活中不可或缺的元素。在國界互通的地方，認識鄰國居民，將其視為可能來往的朋友是十分重要的。他們有一個做法就是一起用餐，客人和主人會先向神明祭酒，然後他們一起（「擘餅」）吃。吃飽後，由客人先開始，他們就互相敘說各自的經歷，當說到非常私密的過往，像是戰役、家庭、滄桑和生命悲劇等內容時，經常是當場灑淚。經過一晚的聚會後，主人和客人可能因此而結盟。即使到如今，「擘餅」然後「敘說個人滄桑」的互動，在大多時候都成為陪伴哀傷者的重要元素。

盧雲神父（Henri Nouwen）曾雅緻地將親切描述為「創造自在空間，讓陌生的人能夠進入並成為朋友，而非敵人」。他眼中的親切不是設法去改變人們，而是提供他們一個將會發生改變的空間。他明確地指出「親切並非暗地裡邀請對方採納主人的生活方式，而是給客人的一份機會之禮，讓他發現自己的生活」。

更值得注意的是《牛津英文字典》裡將英文的「陪伴」（companion）定義為「陪同、交往、安撫、親近」，這些定義都實實在在地說明了陪伴到底是什麼意思。在某種意義上，它的概念就是要安撫對方，而這很明顯涉及了哀悼者的需求和他們該有的待遇；在另一方面，它有去認識對方的意涵，用心貼近對方的經驗和需求。這又明顯地涉及跟對方親近的過程（以開放的心胸接受他人的教導），而這可以透過「敘說事件」來進行。

總之，陪伴是一門藝術，透過了解她的故事（包括經驗和需求），並帶給對方撫慰。因此，陪伴悲傷的人就是真實地或象徵地與之擘餅，並傾聽她的故事。當然這過程絕對免不了會灑淚、會悲傷，並互相揭露自己的故事：我告訴你我的故事，而你也要告訴我你的故事，這是一種全然深層的分享。

令人惋惜的是，成為同步伴行者的這種藝術似乎已經喪失了。許多人（包括受過專業訓練的心理衛生助人者）都可能不知道如何真心地傾聽、真正地聽見，那又怎能了解該如何尊重他人的敘說。我常說：「哀傷照顧並不是去發現什麼創新技巧，而是找回我們曾經擁有但卻喪失了的能力。」

推廣哀傷照顧的「陪伴」模式

本書所探索的陪伴哲理是教導我們看待悲傷的眼光應該從病態的角度移向常態，而這也是我想用以取代較為傳統的醫療模式的一個公開祕密。陪伴理念強調，人類確實有哀悼的需求而不應覺得不自在。陪伴模式鼓勵我們每一個人去發掘失落是如何永久地改變了我們；陪伴模式教我們去理解，在涉水之前沉溺於悲傷中是常態，而且唯有能夠涉水後，你才能學會游泳；陪伴模式幫助助人者認知到，我們有責任為哀傷的人建立一個可以擁抱悲傷的失控狀態的空間。

治療與陪伴在心靈、情緒及存在的議題上有何不同

治療模式	陪伴模式
使哀悼者回到原來的平衡狀態（「正常的舊說法」）。	著重於悲傷的轉化、生活改變的體驗（「正常的新說法」）。
控制或停止痛苦症狀，有苦惱是不好的。	觀察、「注意」、「見證」，並看到悲傷在心靈層面所表現的狀態。
依據心理師視為專業的處方模式進行。	由哀傷的人引領這段旅程，「告訴我」的態度才是基本理念。
與逝者保有關係是病根。	從存在的關係轉移到紀念的關係才是正常的改變。
將哀傷者定位成被動的角色。	認同哀悼者有主動哀悼的需求。
以可順應到不能順應的程度對哀傷者做分類。	哀傷者可以盡量表達被「撕裂」的實際感受。
用悲傷「處理」得好不好來評斷照護品質。	用如何讓哀傷者引領我們走過他的悲傷之路來監測照護品質。
否認的行為會妨礙失落事件的有效整合，且必須克服它。	否認的行為可幫助人們對失落事件進行理性與心靈的整合，這需要耐心和疼惜心。
建立控制感，擬訂介入策略。	以好學（curiosity）的態度陪伴，有跟悲傷者學習的意願。
對所有情緒上、心靈上的疑問和模稜兩可，設法提供完滿的答案。	尊重無解的問題，促使「追尋意義」的進行，不急著想要解決模稜兩可的困惑以達滿意境界。

我對喪慟者的「陪伴」理念

以下所整理的二十條原則，是我陪伴喪慟者或喪慟家庭的依據。我希望讀者可以自我挑戰，根據自己與喪慟者共處的經驗，寫下覺得有助益的方針。

給扮演陪伴角色的心理師……

1. ……喪慟、悲傷和哀悼都是正常的經驗，它們通常都具有創傷性，但這是可以轉化的。
2. ……助人的歷程被視為是一種人與人之間合作、陪伴的過程；而心理衛生的傳統醫療模式看來是不合宜的，且這將在動員喪慟家屬的資源上更加複雜。身為陪伴者，我會試著建立良好條件，使人們能夠主動花費精力在哀悼中尋求和解。
3. ……真正的悲傷輔導專業，是進入獨一無二的哀傷者境遇中（只）與之共存。只有他才是自己的悲傷專家，陪伴的人只是在那兒向他學習並出席見證，並且正常看待他的悲傷旅程。
4. ……協助喪慟者的基礎建立在心理師及當事人之間，具有鼓勵且充滿希望的情境中。廣泛被認同的助人重點（同理、溫暖照顧、真誠、尊重）是與喪慟家屬共同合作的重要內容。
5. ……傳統心理衛生診斷標準是助人過程中的限制。「園丁」的概念與「評估」的想法完全相反，應該將它形容成是要盡力去了解死亡在喪慟者生命中的意義。我努力想知道的不只是當事人在哀傷旅程中是否可能會有複雜的悲傷現象，也需要知道他個人可資利用的強項和健康狀況。
6. ……諮商模式的本質是全人的，要觀察喪慟者的身體、情緒、認知、社交和靈性等各層面的狀態。每個人都是獨一無二的，要尋求的不只是他「怎樣」，更是「可以成為怎樣」。

7. ……底層的理論模式是系統取向的，並且看到喪慟者所受的影響來自於他與人、團體、機構及社會的互賴關係。

8. ……陪伴喪慟者的焦點在平衡過去、現在與未來。了解他的過往經驗（尤其是家庭所帶來的原始影響），喪慟者與死者間的關係特質可以讓我了解死亡對他的意義，以及他獨一無二的哀悼歷程。

9. ……喪慟者對自己感受的認知就是她真實的感受，「此時此刻」地去了解她的感受，讓我能夠好好跟她一起在她所處的情境中，而不是想要把她推到別的地方去。如果我能夠記住，要做的是走進當事人的感受中，而不會覺得需要改變她的感受，就會是個較為有效的助人者。

10. ……主要的助人目標是給予一個「安全的地方」，讓喪慟者可以好好「進行哀悼」，以達到療癒和成長。喪慟者不是患有疾病需要我治療的人，我是助人者，不是治療者！

11. ……人要從多元文化的角度來觀察。在某一文化看來是「正常」的事，到另一文化看來可能就「不正常」。在這個濃縮的社會，我們的照顧和關心必須要考量到整體性。

12. ……心靈和宗教方面的考量及需求是和解過程的重心。身為有效益的心理師，就必須著重在幫助人們深度成長，找到繼續活下去的意義和目標，在他們的精神和宗教生活中找到力量。

13. ……男性與女性要以雌雄同體的角度來看，這樣才能超越性別角色的刻板印象。深懂陪伴藝術的人應了解，連結關係可能超越傳統男女之間只有婚姻關係的範圍。

14. ……協助喪慟者的整體目標是和解，而非解決。身為陪伴者，我有責任幫助喪慟者發掘死亡是如何多方面地改變了她，而不是讓她回到「原來正常的自己」。傳統心理衛生模式把助人目標設定在解決，在我看來卻是一種自我設限，且對案主來說可能毫無建設性。

15. ……右腦方式的療癒和成長（直覺的、隱喻的做法）很有價值，要跟左腦（有意圖的、解決問題的取向）相結合。這樣的協調可以讓喪慟照顧比傳統心理衛生的模式（主要以左腦為主），更能滿足成長歷程的需求。

16. ……「複雜」的哀悼會阻礙成長。「複雜的哀悼者」可能純粹只是需要有人了解其哀悼的真正需求，並知道用哪些方式來接納這些索求，於是使他有所療癒。大多數人躊躇在他們的悲傷旅程的兩個原因是：(1)那是他們需要停留的地方；(2)他們需要一個安全的地方，以便有機會使用更容易成長和充滿希望的方式去哀悼，但卻沒人了解這一點。

17. ……助人的方式必須要根據喪慟者獨特的需求來做調整。有些人在團體互動中較有反應，有些則適合個別會談，又有些人需要從家庭系統著手。事實上，很多人最適合在非專業的夥伴中尋求支持，那是他們在失落事件之前就認識的朋友。

18. ……由於我們生活在一個「避諱哀悼」的文化中，有必要貢獻一己之力，運用教育與防治措施來影響社會的變遷。我有責任告知世界上其他的人，為人們創造一個安全的處所，以健康的方式進行哀悼是必要的。

19. ……我們有責任為喪慟者創造可以促使療癒的環境。最後終能獲得療癒的終極責任仍在於當事人，必須記住，是對喪慟的人負責，而不是為他們擔責任。

20. ……良好的自我照顧很重要，因為這樣才能夠進行身體、精神、情緒、社會以及認知層面的重整，是悲傷旅程中能夠有效且繼續前行的陪伴者不可或缺的能力。

本書目的之探究

本書的誕生是因為想幫助對於陪伴哀傷者有興趣的人，學到更多相關的理念。我嘗試把我所發現的一些重要理念帶入書中，這些理念都是助人者希望幫助經歷悲傷的人會用到的方法。顯然地，這本書支持其他非醫療模式的相關照護，它相信每一個人都有他個人的失落事件，也相信對於失去某個人，生者分別有其獨特的悲傷反應，即使是住在同一屋簷下的一家人，也是各有不同。本書確認人們需要主動進行哀悼，而非被動地接受所謂的悲傷專家來治療。本書深知悲傷歷程的重點在於轉化和生命改變。

這**不是**一本有關工具或技巧的書，你不會看到在實作上對於理論的深入討論。我並無意貶低研究產出的貢獻，或對哀傷諮商特定技巧和取向的評估，只是那些並不是我想在這本書裡所要傳達的東西。如果你尋求的是那些學問，那麼這本書就不用再看下去了！

同時，我也認可確實有些哀悼者需要多一些諮商服務來支持，而不是僅提供陪伴模式。在我的經驗中，有一小部分——低於 10%——的哀傷者遭受我所謂的「複雜的哀悼」之苦，他們的悲傷歷程會因為多重失落、剝奪的悲傷、原先就有的情緒性困擾，或其他難題而變得複雜。如果你所陪伴的某位哀傷者，他的哀悼正因其他議題而顯得複雜，且你自己不知該如何是好的話，則可考慮把他轉介給具有相關議題之背景或經驗的人，以提供符合需求的協助。

我希望你已發現，這本書不同於其他大部分關於悲傷諮商的書籍。請確認這是一本比較著重於助人態度或理念的書，不是「怎麼做」的參考書。如果你對這方向有興趣的話，就繼續看下去！否則，就請找其他更適合你需求的書吧。

我相信對哀傷者給予心理支持是一種藝術甚於科學的工作，藝術家會全然接納他或她個人的長處和限制，以發展出特有的風格，繪出其身為心理師、身為人類所獨有的畫像。我覺得能夠與你一起分享我的畫作是一項殊榮，我邀請你來發展屬於你自己的諮商藝術大師風格！很顯然，用以提供悲傷者心理支持的諮商模式可視為一幅幅的畫像，不會有任何兩張畫像會是完全一樣的。當我揭露我的畫像並與你分享時，我希望你也會繼續完成你自己獨特的作品，呈現出你這個對悲傷者來說是「安全的人」的樣貌。

本書的架構很容易理解，此處的介紹提供了本書的背景與理念：第一部探討陪伴的原則，第二部則是引領你從理念走向實務應用。

邀請你閱讀「字裡行間」

有人曾說：「真相來自於話語之間的沉默時刻，它是要用心去捕捉與體驗的東西。」我希望各位讀者不妨試著這樣做——只要用心去傾聽對話之間的沉默時刻，聽見你自己的心聲，根據陪伴喪慟者的原則將其反映出來，並好好利用這個機會探索你自己與悲傷失落的關係。

當我十多歲時，曾經夢想著要有一個療癒中心。在那裡，喪慟助人者會聚在一起探索如何讓自己更有能力促進悲傷者在生命中更覺完滿。我實現了這個夢想，緊緊依附著它、培養它，也永遠不再離開它。這個夢想成形在我年幼的失落中，最終轉化成我生命的一部分，並帶給我生命中美好的意義和歡樂。

我真誠相信我們在這裡成為人類的一份子，是為要對曾經碰觸過的生命奉獻出愛心和關懷——用我們每一個人自己的方式。支持我的夥伴走過悲傷，滋養了我的靈魂，若是你想要給予悲傷的人心理支持，不妨從開放的心胸與心中有愛開始，就會發現自己的靈魂和那些受你眷顧的靈魂都受到了滋養。

一位十分聰慧的人曾說：「我只是試著說出自己的真理，協和地唱著我自己的歌，希望好事情會這麼孕育出來，我希望其他人也一起加入來唱他們自己的歌。」這就是一本想要唱出我的歌的書，謝謝你的聆聽，同時也歡迎你加入，唱自己的歌。

誠摯的

Alan D. Wolfelt

陪伴悲傷者的原則

◆原則一　陪伴是出席他人的痛苦情境，而非幫他們解除痛苦。

◆原則二　陪伴是與另一個人一起進入心靈的荒漠，而非肩負尋找出路的責任。

◆原則三　陪伴是對心靈保持敬意，而非專注在智能。

◆原則四　陪伴是用心傾聽，而非用腦分析。

◆原則五　陪伴是見證他人的苦難歷程，而非評論或指引這些苦難。

◆原則六　陪伴是幽谷伴行，而非帶路或追隨。

◆原則七　陪伴是發現沉默的奧妙，而非用言語填滿每一個痛苦的片刻。

◆原則八　陪伴是保持靜止，而非急著向前行。

◆原則九　陪伴是敬重失序與混亂，而非強加秩序與邏輯。

◆原則十　陪伴是向他人學習，而非教導他們。

◆原則十一　陪伴是表達想了解的心意，而非表現專業。

原則一

陪伴是出席他人的痛苦情境，而非幫他們解除痛苦

「每一個人心裡都有一個密室，在此我們可以收藏最珍貴的寶藏和最深沉的痛苦。」

——瑪莉安．威廉森（Marianne Williamson）

承受喪慟，真真實實地就是被「撕裂」的意思。當一個人被撕裂了，自然就得面對因失落所帶來的錐心之痛。這種痛和苦是沒有藥醫的，破碎的心也無法用手術來縫合，我們照顧這些承受痛苦與失落的人的方式，就是用支持的態度陪伴他們。

可悲的是，現今北美文化卻經常使身處悲傷的人對於自己痛苦和難過的感受覺得十分羞愧與尷尬。人們認為能夠把悲傷「處理得很好」就是「堅強」和「節哀」的表現。社會錯誤地暗示著悲傷的人，若是公開表達他們的痛苦和難過，就是不夠成熟，或過於情緒化。

「照顧這個詞意味著，面對不再英勇壯健的心靈，能夠回應其所表達。」

——湯瑪斯．摩爾

在現代的北美文化中，痛苦和失落感都是大多數人想要避免的經驗。為什麼呢？因為心裡難過這件事被誤解了，因失落而產生的正常的想法與

感覺被當作是不必要且不得體的反應。然而無論哪一個人，唯有匯集勇氣面對這種痛苦，才能達到終極療癒的境界。

悲傷並不可恥

當喪慟的家屬經驗到悲傷時，他們經常用我所謂的「支持性治療」相互慰問——比如說「加油」、「振作起來」、「保持忙碌」等，而這些語言還伴隨著未明說的強烈信念：「你有不被傷害的權利——所以盡可能地避免被傷害是必要的。」總而言之，人們就是經常鼓勵悲傷者要否認、避免，或讓自己對於所面對的痛苦保持麻木。

當個人的悲傷感受被視為是丟臉的表現，或遭遇冷漠無言的回應時，便完全無法去發掘該如何接納失落的方式。無論是明說或暗示，若喪慟者內化這些鼓勵人們遇到悲傷就壓抑、逃避或麻木以對的訊息，他們就會變得無力幫助自己面對哀傷。我常說找到進入或走過哀傷的路，往往比超越悲傷還難。事實上，把哀悼是錯誤或不好的這種觀念內化，會使人們表現出好像一切都很好的樣子，但事實卻不然。更甚者，否認悲傷就是否認他個人生命的本質，讓自己活在「悲傷的陰魂裡」。

「人們若完全不受悲傷影響，就不可能活下去，許多不幸的事唯有先接納它，才能夠承受它……憂鬱只有在它佔據生命中太多的空間時才顯得可怕；但若是將其完全摒除於生活之外，也同樣是件可怕的事。」

——涂爾幹（Emile Durkheim）

身為照顧者的我們經驗到夥伴的痛苦與難過時，總會本能地想要幫他把痛苦趕走。然而，真正陪伴另一個人，需要克服那個想要「處理」的衝動，且能夠與痛苦並肩而坐。我們也許會發現，之所以想要處理別人的痛苦，其實是因為我們太心疼他。

遇到苦難並不表示事情有錯，那並非我們做錯了什麼或說錯話才發生的。正如湯瑪斯．摩爾的智慧之語：「無論是身體或心理的照顧，其基本目的都在於減輕痛苦。但關於徵狀本身，所採取的觀照首先就是要傾聽，並小心翼翼地觀察這痛苦透露出什麼樣的訊息。想達到療癒的目的就要借助觀察，做得越少，能成就的事就越多。」

勇氣

勇氣一詞來自法文的「心」（coeur），勇氣產生於那些生命中深切影響我們的事件。珍愛之人的辭世開啟或攻佔我們的心，於是我們得把注意力集中在受創的心，鼓起勇氣去面對各種感受，包括痛苦與難過。勇氣也被定義為是一種能力，能夠排除萬難，不顧他人強烈反對與勸說，而去進行個人認為對的事。

悲傷的陰魂

活在悲傷陰魂中的人其所產生的徵狀顯示著她的悲苦是畏怯的、受到壓抑的，或被否認的。這些狀況的存在，影響著當事人的生活，並期望獲得它們該有的關注。

可能的徵狀包括下列各點，但並非只有這些：

- 對生活產生負面看法
- 處於低度憂鬱
- 具有全面性的焦慮傾向

- 具有親密關係上的困境
- 產生沉溺性的行為
- 不自覺地感到絕望
- 長期提不起興趣（無法從正常且有趣的活動中享受到樂趣）

壓抑悲痛等於是宣判自己該死。完整地活著，就是完全地感受，也就是說讓自己完完全全地去經驗所需面對的感受。若是此人不願意或無法把失落事件跟自己的生命整合，她就會將那些徵狀投射在身體上、關係中，以及她的人生觀。哀慟的舊傷未療癒，就會徘徊不去，全面影響著她的生命、生活，尤其是去愛人的能力。

「事實上，承認他人的感受，同時並承認他們有能力超越這些感受，這是可行的。」

——瑪莉安．威廉森

如果我們急於把哀傷者的痛苦趕走，便也趕走了她將失落與自己生命整合的機會。真正的出席療癒歷程，就必須要能夠跟當事人一起分享她的苦痛，並了解沒有任何方式可以讓我們幫她立即解除痛苦；也應知道，這不該是我們的責任——設法以同理心去理解她的痛苦是種什麼感覺。走進痛苦的境界聽來很矛盾，但事實就是，當你認同了當事人受苦受難的感受，就也認同了他最終能夠超越這些感受的能力。如同海倫．凱勒（Helen Keller）曾經留給我們的一句話：「到另一邊的不二法門就是穿越它。」

心靈的智慧

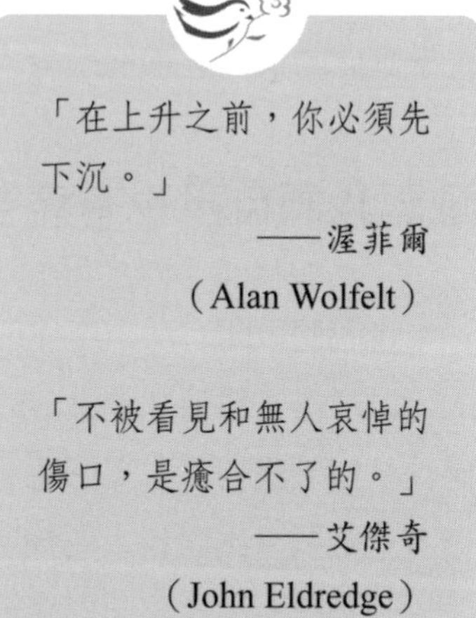

「在上升之前，你必須先下沉。」
——渥菲爾
（Alan Wolfelt）

「不被看見和無人哀悼的傷口，是癒合不了的。」
——艾傑奇
（John Eldredge）

是的，有時你會覺得只是對身處痛苦中的夥伴打開心房，好像「做得」太少；然而這卻示範了陪伴行動確實能夠激發心靈的特質：智慧。智慧就是認知到在愛莫能助中，你絕對會是有幫助的。有智慧的照顧者知道她可以做什麼，並接受她也有所不能，然後用心和靈找到方法才能有所改變。

想要對另一個人的苦痛提供心靈的回應，我們必須發掘並培養自己原有的兩個特質：「謙遜」和「無所知」（unknowing）。我們首先必須以敞開的心靈出席，但敞開的狀態並不是放空，而是清楚、專注地出席在當下。這是具有立即性的——出席在此時此刻。作為一個助人者，我們應把重心放在受苦的案主身上，整個心靈全心全意地以她為重。放掉任何想要為她消除痛苦的念頭，大大開啟我們的心，全然地出席、付出愛和慈悲。全心全意出席的那一刻，就是心靈駐留的地方。

出席哀傷者的痛苦就是跟他們一起面對「心靈的功課」。美好的榮格語言將「心靈功課」與「精神功課」區分如下：

心靈功課：向下進到心理層面，願意與黑暗、深沉，以及不必然舒適的情境接觸。

精神功課：具有移向光明的性質，是向上的、上升的。

在某種程度上，出席哀傷者的痛苦就是願意跟著他們下沉到他們的心靈功課中——那是他們走向精神功課之前的境界。出席當事人的心靈功課時，大部分都是在見證他的痛苦和難受，而不是思考走入其他情境的門路，這可使你停留在當下。黑暗、深沉又不舒適的情緒跟快樂歡欣的情緒同樣需要有人擁抱——以尊重和謙卑的態度。

承認我們自己也有痛苦

當我們敞開心房出席痛苦時，挑戰性的想法也悄悄溜進來。我真的可以幫得了他嗎？他失落的痛苦是不是也觸動了我對自己的失落的感受？如果我伸手去支持他，那我自己會不會怎樣？在這躊躇之中就會有些納悶，出席他人的痛苦似乎並不容易。

若是有能力承認面對痛苦時我們自己也會有不舒服，而不刻意去壓抑或否認的話，這承認的能力通常不會造成太大壓力。注意到自己的確是幫不上忙，反而讓我們能夠自在地開啟心靈，全力面對他人的、還有我們自己的痛苦和難受。我們發現自己不再需要逃避，可以放慢腳步、保持停留，並敞開心房存在於痛苦情境中。我們可以在不覺得需要做什麼的情形下見證到痛苦是什麼。

當感覺到自己有任何一點想要逃離痛苦的念頭時，不妨溫和地接納它，就可能產生了全新的感受。若我們身為陪伴的人能夠看到，該問自己的不是如何「做」，而是如何「在」，就會發現在這個想要助人的心情中，是什麼使我們焦慮跟害怕，並相信出席痛苦情境可以帶來療癒的力量。

最後，我們開始傾聽——真正的去聽，並對那痛苦致上敬意。我們不把苦難推開，或一心只想解除想要進行「改變」的需求，而是要能夠進入那個痛苦情境；我們不要冷漠以待或被動行事，而是全然敞開準備出席。我們是真誠親切地去面對另一個人的痛苦。

失魂落魄與靈魂的火花

根據我的經驗，心靈是真實存在、不能假冒，且有生命的。當哀悼者說：「我不確定是不是要繼續活下去。」正表示她經歷著真實感與生命力的失落，她所表達的就是我所謂的「失魂落魄」（soullessness）。陪伴者的部分角色，就是耐心地跟她在一起，設法攪動她內在的生命力，並協助她找到與整個人性世界的新連結。陪伴，在某方面來說，則是哀悼者藉以尋獲「靈魂的火花」（divine spark）的管道，這是大師艾克哈（Meister Eckhart）的語言——這才能夠給予我們生活的深度與目的。因此，幫助他人重燃靈魂的火花，是何等榮幸的事啊！

敞開心房面對自己生命中失落的苦難經驗，能夠強化我們想要協助周遭朋友的渴望，真正進入心靈深處的層次來提供服務。不拒絕痛苦，而是敞開心房迎向它，並虛心學習這個痛苦將教會我們什麼。想要對自己和他人的痛苦變得更加敏銳和有所回應，我們就要持續將自己視為學生，不斷地從我們受苦的夥伴那兒學習到更真誠的陪伴態度。這是多麼可貴的事！

「我們很多人都受傷很深，只有那些願意讓我們表達悲傷的人來安撫，才能使我們療癒。」
——孫鳳
（Agnes Sanford）

原則二

陪伴是與另一個人一起進入心靈的荒漠，而非肩負尋找出路的責任

「對靈性旅者有用的唯一地圖就是帶領他走向中心。」
——鮑德溫（Christina Baldwin）

當我們為所愛之人的死而難過時，這並不表示有什麼錯事發生。與另一個人一起進入心靈的荒漠，主要在於跟他們一起走過心靈的憂傷，而不是去思考我們必須要讓他們獲得「解決」或「復原」。

存在於荒漠指的就是一種中介狀態（liminal space），「limina」一詞是拉丁文，表示臨界的意思，一個兩者之間（between）和兩可之間（betwixt）的地方。中介狀態是大多數人都不喜歡存在的一種精神狀態，但卻是悲傷經驗會引領他們進去的地方。在此，哀傷者的人生觀——對於這世界是如何運作，而他們個人又處於其中的什麼地方的一套信念——經常會產生疑問。要把一個人破碎的人生觀重整回來，陪伴者反而必須放掉他們以為助人者需要為這些疑問提供答案、或解釋、或做處理的想法，對於荒漠的經驗，我們是沒有技巧、公式、處方可用的。

出席他人荒漠心靈的關鍵就是要對未來的結果採取開放態度，無論是對未來一無所知，或想要達成什麼結果都不先做預期。北美洲很

多人在這個歷程中都會不放心，直覺地想要把哀悼者拉出那個荒漠狀態，或多少會試著去左右她所在的位置。我們已經變成一種總是需要答案或解釋的人類，並且還期望快速有效地解決問題。

失落的不確定感

我們不喜歡痛苦、悲傷、焦慮、不確定感、失控——這些都是悲傷所帶來正常的荒漠徵狀。在沒有遇到黑暗之前，我們都想要經驗光明面，如果身為助人者的我們不能穩定待在這些需要引人關注的徵狀中，就會想要說服對方或把它們處理掉。畢竟，我們誤以為說點道理總比待在那個中介空間來得好，有一些控制感總比處於可怕的「五里霧中」來得好。然而，控制的相反事實上就是參與——在這裡，就是當事人在「重建處境」時，去參與他們的哀悼工作。

對於很多助人者來說，具有挑戰性的部分就是停留在荒漠的臨界點上，卻能夠在有意識或無意識下都了解，不需要也不會渴望去尋求解決之道。換句話說，我們總是傾向要有個結果，而不是對結果採隨緣的態度。很顯然地，將哀悼者從痛苦和難過中解救出來，根植於一個事實，就是我們想要與自己的痛苦保持距離。

可悲的是，許多人（包括助人者和一般大眾）都把悲傷視為敵人。分離並不是我們邀請它來的，但我們並不重視約瑟夫·艾迪生（Joseph Addison）的智慧之言：「我要沉浸在我的憂傷裡面，對絕望的劇痛和憤怒讓步」；對於現今的真言，大家顯然比較愛用巴比·麥菲林（Bobby McFerrin）的歌詞：「別擔心，開心點！」（Don't Worry, Be Happy!）

重建處境

遭遇喪慟其實就是「被撕裂了」的意思。當有人因悲傷而感到被撕裂時，他們基本上就是處於「重建」狀態。馬斯洛（Maslow）著名的需求層次理論告訴我們，人們最基本的需求就是——尋求庇護、食物、水和睡眠——這是人類進入下一層需求前首先需要被滿足的部分。因此哀悼者在身體上的需求一定要先照顧好，然後根據馬斯洛所提的順序，關心他對安全、愛／歸屬感、自尊和自我實現的需求。在療癒的歷程中，他一定要從頭開始重建自己的整個生活。

悲傷就是無處可去

相對的，古代文明似乎比較明白身處荒漠的價值所在，這是我們人生旅程中任何一個重大轉變的一部分。我們的祖先時常會自己主動透過體驗進入荒漠的境界，像是花四十天到沙漠走走、爬到山頂上，或獨自航行在大海上。無論其基本信念是什麼，他最後會到哪裡，這位旅者一開始都要先經歷無處可去的境界，把自己抽離原來的人、事、物。走過荒漠中的「無處可去」境界，於是可以再一次建造出新的自己和新的地方。

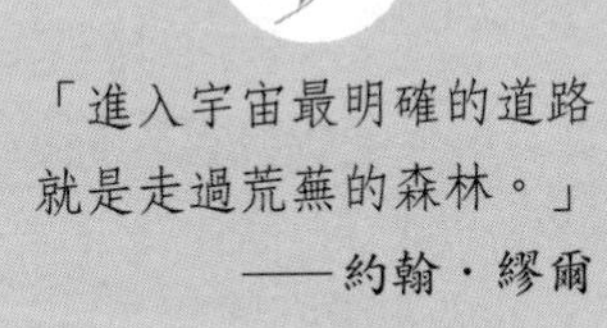

「進入宇宙最明確的道路就是走過荒蕪的森林。」
——約翰・繆爾（John Muir）

這概念跟我陪伴人們度過生命轉捩點的經驗相吻合。顯然地，我們要先能接納懼怕和有時甚至感到恐怖的心情，走進這個荒漠中無處可去的境地，並在過程中下沉進入它的核心，才能把失落與我們的生命整合。然後，唯有經過這樣的歷程，我們才會開始注意到有些事情開始慢慢轉變了，這是因為我們打開了心房，面對悲傷所帶來的痛苦。

當然，也有些強而有力的影響會使哀悼者往反方向走去，像是大家常說的「保持忙碌」、「加油」、「認識新朋友」等等。若是根據這些哀悼者該迴避的腳本而行，悲傷的人可能會回溯到過往令人熟悉的某個時間點或某個地方，一個可以找到「舊自己」的地方——但那個舊自己其實已經離我們而去了。現在所在的、暫時迷失在悲傷的荒蕪之地，才是我們所熟悉的地方。慢慢地，隨著時間以及他人溫和的陪伴，哀傷的人就能夠重新找到意義，並發現一個新的自己。

但在度過這混亂之際，身處荒漠的難過和迷亂正是它的價值所在。說真的，它其實是一種「純淨期」——是這旅程中最主要的一段時期，讓我們很緩慢地有所轉變。重要的就是去學習重視並尊重這過程，而且儘管直覺上可能想要逃離，但還是要投入其中。

沒錯，身處混沌不明的狀態並不舒服——會感到無助、失控、沮喪、焦慮、茫然。但如果我們再一次地看看其他民族文化，便發現像非洲某些地方，他們將處於茫然狀態的人比喻成「走在灰雲之地」。他們認為當處於不確定和茫然的時刻，就不應該採取行動，甚至認為這是不智之舉，其實反而是等待和信任這個過程的發展才是明智之舉。信任過程之發展的相反便是想要掌控那些無法控制的事情——顯然地，在悲傷與哀悼的經驗中想要去掌控什麼，會是個不可能的任務。

放手和悲傷

不在乎結果是放手的主要概念。大多數西方人對「放手」的聯想是沒有了溫暖與關懷；但在語言學上，放手（detachment）這個詞經常被定義為「從目標全然超脫出來的能力」。從這個角度來看，放手可以視為不去掌控無法控制的事情。在某部分來說，就是「對徵狀隨遇而安」。要觀察的是心靈所教導我們的深度感受，而不是設法改變它，保持出席狀態而不覺得自己有需要改變它或消除它。觀察心靈，但在心靈工作上不去遮擋或躲避那些徵狀。在這整個過程中要保持耐心，並了解到我們比較需要做的是走過悲傷，而不是迴避它或超越它。

「如果我們將心理層面的服務看作是一種持續的照護，而非尋求治療，那效果就會有顯著的改變……心靈照護的工作是要觀察在大轉變當中能夠產生堅定意志、努力尋求改變的奇蹟。」

——湯瑪斯．摩爾

即使放手，我們還是絕對地出席在深度的心靈工作中，就是不會被拉進那種有責任要把失落所帶來的痛苦消除的感覺。事實上，深度關懷所做的事就是讓自己全然出席於現況，而不是心理所想要的狀況。可以把它想作是一種順勢療法的回應，隨著現況而行，不去反抗它。對於結果採取開放態度，不冀望成果！或者，如同禪境所述，以歡喜心觀察「春來草長」的變化。陪伴工作要能夠認同，有時少做些反而比較好。

神奇動力

在悲傷過程中，神奇動力（Divine Momentum）是指哀悼歷程本身就有走向療癒與和解的能力。當哀悼者得到外在的支持，能夠隨著時間接納並表達出悲傷時，他們就會向前而行。信任這股神祕的力量，就是相信療癒歷程可以而且將會展開。身為陪伴者的我們可以為這旅程提供一個安全的開始，於是創造出走向療癒的神奇動力。為哀悼者提供一個自在且開放的空間，把注意力放在他們需要去專注的事情上。

悲傷照護的新模式

「有些時候，在訊息與智慧之間似乎有著可逆關係……在專業心理學中，有很多需要做這做那的學術性規劃，經常敘述了很多要求嚴格的心理治療步驟；然而毫無疑問的，卻嚴重地缺乏了對心靈深處應持的智慧。」

——湯瑪斯．摩爾

在此所介紹的照護模式跟現代心理學的取向正好相反，並非傾向於較為理性和邏輯地去理解有關心靈的事。現代心理學要人們去界定問題，然後改善它，「官方的照護」就是這樣——是一種掌控性的照護。反之，能夠讓我們看到心靈和壓力徵狀的價值所在，了解到那需要反映出來，被看見並且被尊重，像這樣的模式真是少之又少。

我們需要以心靈為主的照護模式，要能夠展現心靈的敏銳度。我們所需的模式要能夠使哀悼的人在身處悲傷的荒漠中，仍對謎團保持開放態度。我們所需的模式，要能夠尊重一個事實，那就是我們無需去了解或掌控環繞在身邊的所有事物。也許該這麼說，「承受」死亡所帶來的迷茫經驗，給予了我們獨特的觀點。人類無法勝過或超越死亡，唯有在發現了荒漠的中介空間，知道我們的無知後，才能耐心地看到新生的意義和繼續存活下去的目標。

對悲傷讓步

就我的經驗來說，當我們以陪伴者角色協助哀傷的人學習讓步時，便是真的「懂」了：放掉任何對悲傷的比較心理（這不是可以競爭的事），放掉任何自我評斷的想法（自我疼惜才是將失落與生命整合的重要成分），以及放掉任何想要全然理解的需求（我們永遠辦不到，因為不可知的謎團需要我們去沉思，不需要解答）。

觸動我們心靈的悲傷有它自己的聲音，無法靠著滿足那些比較、評斷，或甚至全然了解的需求，就能夠達成協議。事實上，對無法預知的哀傷荒漠做讓步，是一種勇敢的選擇、是誠信的行為、是對上天和自己的信任。悲傷者要的只是在心中好好護著這個謎團，並且擁有懂得疼惜、不評斷的陪伴者在身邊就好了。而我所希望的陪伴者，就是你——本書的讀者。

想要看到悲傷有所轉化，就需要先對經驗到的事情採取讓步。一心嘗試以否認、壓抑或掩蓋來控制悲傷，將會造成哲學家齊克果（Kierkegaard）所謂的「無意識的絕望」（unconscious despair）。進行悲傷的心靈功課需要進入並走過痛苦，才能將其整合，這才是幫助你跟苦難中的當事人攜手合作的方法，也是擴大社區團結的途徑。

濟慈（John Keats）在莎士比亞身上看到他所謂的「負向能力」……「在謎團與疑惑中，卻不會急躁地去搜尋真相和理由的能力。」我覺得要想活過荒漠經驗的不二法門就是請記住，即使有時看來好像你什麼都沒做，但其實你是在努力地進行哀悼的工作；而且，即使哀悼者也覺得自己走得好慢好慢，好似處於偏遠的荒漠深處，有時覺得自己在走倒退路，或甚至覺得就要被周遭的壓力摧毀，這才是悲傷的本質。想去結束神祕的荒漠經驗是不可能的，就像我們無法掌控風和雨，以及自然界的動物一般，我們永遠不可能完全掌控自己的悲傷。然而，在悲傷的人經歷荒蕪之境的時刻，他的確需要且應得到一路上能夠關懷著他的好夥伴。

原則三

陪伴是對心靈保持敬意，而非專注在智能

「如同先祖和許多現代心理師很有深度的說法：最極致的治癒是從愛出發，而不是邏輯。」

——湯瑪斯・摩爾

被撕裂之後再重新變成另一個完整的人，這過程中我們需要的不只是智慧，更需要從心和靈的層面所泉湧出來的經驗。「心」（spirit）的廣泛定義就是指人們非生理的本體，包括智慧、情感、性格和靈性等方面。我經常將心這一部分看作是「生命的動能」，我們人類是以進入身體的形式在這片土地上對心理層面進行探索和開發的。

「靈」（soul）不是什麼實體的東西，而是一種有關於生命經驗的深度或質感。湯瑪斯・摩爾表示，靈「跟深度、價值、關係、心思和人性本質有關」。如果想要陪伴悲傷的人，我相信心和靈這兩個層面是一定要關注的。

顯然地，人們在面對硬生生的情緒感受時，會想要尋求庇護，免於苦惱，有時不免會以理性的角度看待悲傷經驗，於是在思考與情緒之間、在理智與感受之間來來回回，時好時壞。我認為生活在現代北

美文化之中，人們經常不由自主地用思考來處理失落，而非以感覺去走過失落。人們對悲傷總是抱著要改善它的態度，認為這種經驗是需要去克服的，於是受照顧的重點就變成要學會「放下」，並趕快有效率地向前走。

然而，有關心和靈的事並不在於學會放下，以追求完美的方式理智地向前走。如果我們想要對心和靈的層面多加關心，就需要放棄「解決的盼望」，並以尊重悲傷的力量的方式給予照顧。如同英國詩人約翰．唐恩（John Donne）對於關係和心靈的觀察所言：「沒有時間哀悼的人，也沒有時間癒合。」對於悲傷的尊重，我們必須對它的錯綜複雜抱著感恩的態度。

接受現況

當我們能夠看見悲傷的心靈，就會發現放慢腳步的價值所在，且不會嘗試著想去免除當事人的痛苦情緒，因為這是悲傷旅程不可或缺的部分。如果陪伴哀傷者只是在用理智看待失落，我們就會想要逃避深入心靈的境界。身為照顧者，若是能專注於心靈釋放出的訊息，便會懂得疼惜悲傷旅程中固有的、令人難過的思緒和感受。

在這個前提下進行陪伴，可以讓我們對哀傷者有所支持，陪他們接受經常想要用理智否認的那些憂鬱、焦慮和失控的感覺。對於這些血淋淋的情緒，我們需要走入其中，而不是希望它們消失。我們該洞悉的是哀傷掌控人的價值所在，而不是掌控人所經驗的哀傷。希臘哲學家赫拉克利圖斯（Heraclitus）多年前就發現一個道理：「心靈會呈現它自己的源頭。」

以順勢療法對悲傷做回應，就是指對所發生的狀態隨遇而安，而不抗拒；把悲傷當作朋友，而非將其視為敵人；品嚐悲傷，而不快速逃離。

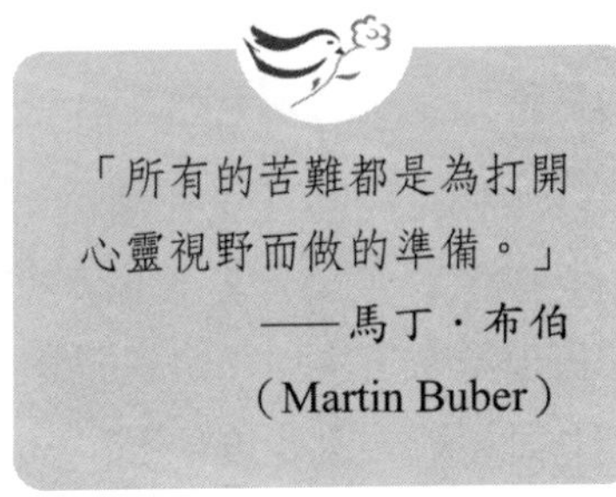

如果哀傷者經驗到深深的憂傷，那正是他的心靈進入並通過悲傷旅程所表達出的節奏。我認為，迎向悲傷反應才是與心靈同步的正確方法，而不需要想盡辦法戰勝悲傷，又用一些不成熟的伎倆去把生命扭回「正常」狀態（這是不正確的助人目標）。除了隨遇而安之外，其他任何反應都會變得像是在對抗心靈所做的表達。

各位是否注意到，近幾年來憂鬱是如何的被汙名化？就像是我們以為老天給了我們可以免於憂傷的權利。然而，在我的經驗裡，因珍愛之人的辭世所帶來的憂傷，是日常生活中很自然的結果，尤其若憂傷的定義是這樣的話：

憂傷：當外在世界不再具有意義和目標時，所產生的一種向內的移動。

尊重心靈的運作

我發現，身為一個能夠尊重心靈運作的陪伴者，我的角色是對於當事人當下所表達出的情緒給予疼惜。例如，有人來到我的「失落中心」說：「我早上醒來都沒辦法下床。」此時，我的責任不是用什麼技巧幫她克服因深度憂傷而產生提不起勁兒來的狀況，而是去了解失落的心靈帶來了什麼樣的心情，並疼惜她的處境。我會試著協助哀悼者擁抱她心靈的運作方式，於是幫她說出：「我所珍愛的人死了，覺得現在剩下一個人好孤單。我的身體、心和靈都在憂傷中，現在每天的日子都失去了意義和目標。我覺得一切進展都很緩慢，這樣下去，我還會找到新的人生意義嗎？」這就是一種同理的回應，可以跟當事人建立起一種沒有評斷的陪伴關係。

保持尊重的態度，使我的回應就只是純粹鼓勵她，讓她對自己因悲傷所產生的生理和情緒反應視為正常狀態，而能夠自我疼惜。我可能為她重述：「所以，現在要你打起精神來，真的是不容易。」我對哀傷者的回應根基於一個信念，那就是，唯一可以走出悲傷的方法，便是要通過這個悲傷經驗。哀悼中的人在她超越哀傷之前，必先下沉；但許多現代「治療師」把這個下沉—超越的經驗順序搞錯了。

是的，當生命中發生哀傷事件時，悲傷的心靈來報到，平日生活中的智慧或理智能力變得很薄弱。為要避免我們自己痛苦，可能就給一些理性的勸說，像是「憂傷不能使他起死回生」。然而，這一類的道理畢竟沒什麼幫助，壓抑心靈的吶喊，只是使哀傷的人更加無法將失落事件好好與自己的生命整合。其實，是靠憂傷才能把哀悼的人推向深處，獲得浴火重生的境界。

「你難道不知痛苦與困擾的世界對鍛鍊智慧和心靈，是多麼重要嗎？」

——濟慈

「我任何的發現，從來都不是經由理性思考而獲得的。」

——愛因斯坦

敬重心靈的態度就是誠實面對傷痛，承認深度失落的事實。在某些原住民文化中，他們以「用靈魂的舌發言」來表達並強調誠實面對真相的重要。敬重心靈就是我所謂的「用心靈的耳朵傾聽」，這時我們才能見證失落帶來的真正苦痛，並肯定哀悼者在悲傷的轉化過程中，有吐露心聲的需求。

敬重悲傷的心靈是極度重要的，這使我想到薩滿教有關聖籬的概念，它是「真實」的同義字，或指與自己的靈性保持連結的意思。就是說，當與自己相處時，就是在自己的聖籬裡面。當你能夠真正地做自己且不加任何矯飾時，就像是靜坐在自己的聖籬中一般。陪伴悲傷的人就是要真正地去做自己，去敬重另一位夥伴的心靈——那是生命的動力。

用心靈去理解悲傷時，我們需要有不同的語言，這跟傳統心理衛生所使用的不一樣。我們陪伴痛苦的夥伴時，要敬重他們對悲傷的表達、認同他們的心靈有自己的目標，並發自內心地給予支持，而非只是理智的陪伴。

原則四

陪伴是用心傾聽，而非用腦分析

「用心裡的耳朵傾聽和參與。」

——聖本篤（Saint Benedict）

以分析悲傷的科學和治療理論所發展出來的介入措施，常常使助人者忽略了用心傾聽的神奇藝術。其實已有非常多的工具都是要我們用腦去評估、診斷和治療，但這基本上卻是要我們跟心靈保持距離的做法。

我們話語中許多牽涉到心的言詞，都直覺地驗證了人類的神性與人性，像是「充滿信心」、「重心所在」、「心之所繫」等等，這些也只是我們日常對話中的幾個例子而已。於是我們深知，真正的哀悼正是要讓破碎的心能夠獲得療癒。

從我自己的失落——還有那些信任我，讓我跟著他們一道同行的朋友們的失落——多年經驗讓我學到，當事人跟陪伴者都同樣有他們的心路歷程。要能用心傾聽，根基於表達同情和理解的能力，並且能夠表現出願與經歷悲傷的人共同度過的深切期望。在悲傷照顧的領域中，沒有比

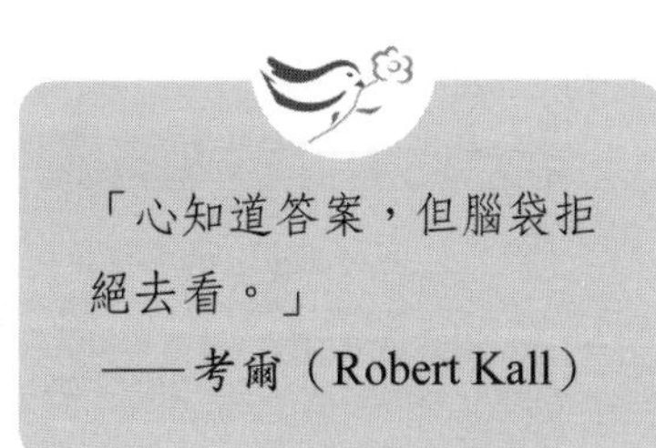
「心知道答案，但腦袋拒絕去看。」
——考爾（Robert Kall）

以心為根基、以靈為重心的模式更好的做法了。

坦誠的力量

「傾聽是一種內心的態度，是一種可以跟另一個人一起，相互吸引並獲得療癒的真誠盼望。」
——伊夏（J. Isham）

好消息是身為陪伴者，我們只要做一件事就好——以發自內心的坦誠態度伴著哀傷的人；但要記得的是，要做個稱職的顛覆者——對假設認知抱持著疑問。為什麼呢？跟我一樣，在學校裡可能不會有人跟你說：「用心傾聽，以發自內心的坦誠態度陪伴他人。」所以，就像我，你可能需要自己去學習，或找到其他稱職的顛覆者做你的榜樣。

我的確相信，我們能夠刻意練習坦誠，假以時日就會自然流露。首先是內心的決定：我要發自內心地坦誠。但外在有太多因素阻礙我們這樣做（例如：政府的健保制度、講求精簡的療程、以實證為基礎的實務訓練、速食文化、對哀傷者缺乏理解的療癒計畫），若是我們不能從內在的決心開始，就什麼都免談。此外，內心的決定也可能需要根基於一些你覺得真正有意義的事，例如：對於用這方式面對案主感到動心，傾聽他人的遭遇激發心靈的成長，或總是想要探索自己是誰的一種內在渴望。

在尋求發自內心地坦誠的做法上，我用四個很重要的元素來說明：謙卑、無所知、無條件的愛，以及我所謂的對另一位夥伴「心存接納」的服務態度。以下將一一闡述。

謙卑

謙卑在於知道自己並非悲傷的專家，而是跟著真正的專家——哀傷者學習的學生。謙卑也是願意從自己的錯誤中學習，並能夠正向看待自己的極限和優勢的態度。當內心謙卑時，我們的行為會表現出歡迎、容忍，以及不做評斷的態度。我們的心靈是開放的，能夠全然面對、心存慈悲，並充滿安詳。

「穿戴上你的學習態度，就像在隱密的口袋裡帶著錶一樣，不用把它拿出來，只需拍拍它，表示你有它在就好。」
——查斯特菲爾德（Lord Chesterfield）

無所知

無所知就是以完全開放的態度和心意面對哀悼的人，這並不表示要讓思想放空才行，正好相反的是，要以非常清晰的思緒參與當下。無所知的態度不是靠有意識的努力或技巧就能夠做到，而是要能夠放下——放棄任何想要掌控或處理他人哀傷旅程的心理需求。抱持無所知的狀態能夠引領我們的心走進靈性，並建造一個安全的空間，好讓哀傷者在此真正地進行哀悼。然而靈性這一部分是令人最害怕面對的議題，是一種在敞開心胸接納的同時卻又可能想要關閉自己的情境。當助人者能從心底保持著無所知的態度去照顧他人時，我們的靈性便充滿能量，才能夠向外伸展，去支持那些哀傷中的人們。

無條件的愛與接納

坦誠的真諦就是能夠對哀悼者表達無條件的愛與接納，正如同哀傷的中心就是因為愛，愛也是慈悲助人的核心。無條件的愛是一種神聖無私且不帶任何企盼的表達。

「對你所遇到的人以及他們所發生的事，給予愛和無條件的接納。」
——戴耶（Wayne Dyer）

無條件的愛為悲傷者建立出一個莊嚴安全的空間，可以讓她真正地在那兒哀悼。同時，這樣的愛也使哀悼的人自己產生了責任感。作為一個陪伴者，你是**對哀悼的人負責**，不是**為哀悼者擔責任**。看似矛盾的是，表達無條件的愛可使哀悼者能夠自由自在地進行她的哀悼，而不會以為是你在為她做什麼。無條件的愛為哀悼者建立避風港，但並不表示這會過度保護當事人或阻礙了他們進行哀悼的自由。

無條件的愛使我們的助人經驗提升至全人照顧的境界，坦誠開放的心將成為對於哀悼者表達大愛無私的管道，陪伴的關係因為受到無條件之愛的智慧與療癒力量的照射而變得莊嚴神聖。

無條件的愛將我們放在一個「流動」的狀態，當進入這種流動的經驗裡，我們外在的行為就能夠專注在哀悼者每一當下的需求上，哀悼者也能夠真實地感應到你內裡所流露出的慈悲之心。要產生這樣的流動效果，我們必須有意識地培養自己，學會從心靈層面主動展現出愛的能力。

要能體驗並表達無條件的愛，應包括五個向度：生理的、認知的、情感的、社會的以及精神的。當決定要就這五個層面來表達生命的能量，我們便散放出了無條件之愛的天性和氣度，於是能夠真正地成為自己想要的那種陪伴者。

了解無條件的愛之五個層面

生理層面：會感受到光明，喉嚨和胸腔感覺到溫暖與關懷，尤其是心的地方。感覺到放鬆，並會因為有人願意讓你出席，且敬重她的悲傷旅程而感到榮幸。

認知層面：不帶評斷，並接納哀悼者對於她的悲傷經驗有不同的想法。沒有評估與診斷，是「尋求理解」而不批評，是歡迎與包容的表現。

情感層面：感到坦誠且能完全面對各種程度的情緒，無論那是什麼。願意有意識地去探索自己的情緒是如何地受到你所陪伴的當事人的影響，情感上與自己所扮演的助人角色一致，且非常清楚地知道自己已看到使命所在。

社會層面：了解自己建立「莊嚴安全的空間」的能力，以及專注於另一個人的悲傷是哀悼工作的主要定義：「一種回應失落的社會性分享。」對於人們樂意這樣使用你的個人特質而抱持著謙遜的態度，樂意身為一位像你這樣的陪伴者，感覺這個助人者角色就是你的心之所在。

精神層面：傳達溫和、正向、有創意的能量，將這些能量深埋在慈悲及樂意「共苦」的態度中。要有對他人付出，並且與他們「同行」或「擘餅」的渴望。了解到用心意而非用理智向外伸展，所觸及的便是靈性層面。可以感覺到哀悼者沉浸於信任與樂觀的氛圍裡，這是他能夠在悲傷中前行，走向療癒與完滿之路的力量。

神學家兼教育家馬修・福克斯（Matthew Fox）明智地觀察到：「當我們心存喜樂並充滿勇氣時，就散發出智慧，智慧不是因為頭腦聰明，而是充滿慈悲的心意和膽識。」無條件的愛就是透過上述這五個全人向度而表達出來。一旦我們有勇氣以發自內心的愛來照顧那些悲傷中的人們，而不是用臨床的距離對待他們，就會發現自己身為陪伴者與生俱來的熱情。

心存接納

過去多年來，我發現在精神層面提供服務的價值所在，也就是用可以促使我表達謙卑、無所知，以及無條件之愛的態度，來讓自己真正用心靈去面對哀悼者，而我目前將這樣的服務當作是一種「心存接納」的儀式。

就在會見任何需要支持其哀傷旅程的人之前，無論是在「失落與生命轉化中心」裡或中心外，我會先將自己安置在一個安靜的場所，以建立莊嚴空間並遠離當日雜務的方式，為自己找到寧靜與安定。並以非常真實的感受讓自己的心靈做好準備，以便能夠完全投入悲傷中的人或家庭。這樣的程序，就是為了要驅離任何可能阻礙我心存坦誠的事物，在可以傾聽他人之前，我顯然是需要一段能先聽見自己的時刻。

當我安靜下來，就會為自己複誦三階段的祈禱文。這三階段的內容如下：

「不企求速度」

「神奇動力」

「不惦記結果」

這些話語能使我減慢速度，知道自己所扮演的角色，是去協助哀傷者建立一股可以真正為生命中的失落進行哀悼的動力，並總是記住，最最重要的是我要出席在當事人所在的地方，而不是我覺得他需要去的地方。重複上面的三階段禱文兩、三分鐘後，我便能獲得類似這樣的確定感：「感謝宇宙給我機會好好協助哀悼的人，讓他們繼續好好活下去，並好好地去愛。」

當然，你在精神面上心存接納的服務形式跟我的可能不同，然而我確實期望你會考量進行某種儀式，把自己推向心存坦誠的境界。是的，我們的坦誠開放就是一口感受之井，它會因為所接收的東西而全然被推動。於是美妙的歷程展開了：打從心底發出的傾聽和回應，使我們有耐性地同理到哀悼者的需求。於是她開始感受到我們的信念，而且更重要的是，接收到她自己的信念，使她有能力將所珍愛的人之死與自己的生命整合，我們會覺得很榮幸有這樣的殊榮，成為這段心路歷程的一小部分。

原則五

陪伴是見證他人的苦難歷程，而非評論或指引這些苦難

「我們常常低估了一次撫慰、一抹微笑、一句話、一隻願意傾聽的耳朵、一個坦誠的讚美，或極其微小的關懷動作所能散發的力量，但這些都是使生命轉變的潛在動力。」

——利奧・巴士卡力（Leo Buscaglia）

見證別人經歷悲傷黯淡的苦難——心存同理——是我們與他人在情緒與精神上最深層的互動。若是能夠以發自內心的坦誠態度傾聽當事人痛苦與失落的陳述，而非像專業臨床那種疏離的方式，我們就能以全然敏銳的狀態出席與另一個人相關的經驗當中。克服任何想要給予評論的傾向，我們才能向哀傷者有所學習。這種積極主動的同理，就自然會建立出一個能在其中獲得療癒的環境。

「有些人以為只要靠智力即可：知道如何解決問題、知道如何度過、知道如何辨別優勢並抓住它，但沒有勇氣、愛、友誼、慈悲和同理，光靠智力的功力是不夠的。」

——昆茲（Dean Koontz）

進入並見證極痛苦的悲傷是一件不易承受的事，因為要能夠完全

進入另一個人的經驗中，讓她能夠真實感受到，你的陪伴正是從情感和精神最高層面提煉出來的化身。真正地與哀悼者內心的無助感結合，需要我們這樣的助人者先看看自己的悲傷，並體驗自己內心的轉化。

先做自己的功課

同理心架構於我們自身走過悲傷之路時，所感受到的點點滴滴的拼合。我們可能會發現，某些沒有經歷過的特定感受，或是不願或無法再面對的感受，在當事人面前就會顯得受限或壓抑。我們甚至可能會因為將此失落看成是她個人所發生的事，不會發生在我們身上，而失去自己原有的坦誠和慈悲心。我們對她的同理和接納就變得很薄弱，不會是真誠的同理。

這也就是為什麼見證悲傷者的苦難是這麼吃力的工作，我們必須先做自己的功課，跟自己心靈深處的情緒打交道。唯有這樣，才會有真實的感受，才會「知道那是種什麼感覺」。人同此心，才可以想見別人的悲傷經驗可能會帶來什麼感覺。因為曾經到過那種境界，才能夠走進那些苦難歷程，去發現活下去的理由、去重新定義自己看世界的觀點、去找尋生命與生活的意義。

「打開心房才能納入整個宇宙。」
——瓊安娜・梅西（Joanna Macy）

「疼惜為道德之本。」
——叔本華（Arnold Schopenhauer）

阻礙我們進入悲傷的荒漠之地的意願，常常是因為我們猶豫不決，或其實就是害怕會重揭自己的舊傷。我們可能會因為意識到自己的痛苦感受將重現，而變得無法在他人的苦難當中扮演陪伴者。因此，不但無法敞開心房面對失落的痛苦，我們可能還會去否認別人的經驗（「不會比這更糟了」），可能會以解決問題或運用技巧來處理（「教你一些技巧，讓你能夠放下」），減輕或用比較的方式看待經驗（「你覺得這樣很慘嗎？讓我告訴你別人所發生的事吧」）。

要能夠跟當事人一同進入悲傷深處的荒漠之地，需要先接納自己的內心感受，而不是掌控這些感覺；要讓它們自然流入。也只有這樣，我們才能給出最珍貴的禮物——具有慈悲心的陪伴。

表達疼惜

見證悲傷者的苦難歷程就是一種疼惜。疼惜的英文compassion一詞源自 cum pation，有「一起受苦」、「一同經歷」、「團結共享」的意思。疼惜包括了我們共通的人性、我們同在一起的感覺、我們緊密相惜的經驗。疼惜這個字眼在主流的悲傷輔導文獻裡幾乎已經不再出現，但它卻是喪慟者所需要且應得待遇的精華所在。因此，本書的主題就是在談悲傷療癒的理念與實際做法，是移除那些會阻礙疼惜心的東西。同理（empathy）是跟哀傷者「一起感受」的意思，疼惜則是因為哀傷者的苦難「而有所感受」，我們應該以靈性的陪伴方式關心和照顧悲傷的人。

「假如我們身為地球的居民、身為人類、身為獨有的個體，卻不能見證，那麼我們生命該有的權利就犧牲了。只剩下沉默，沒有語言的存在。」
——路爾（Jane Rule）

透過對他人經歷苦難的見證，積極地表達疼惜，這絕不是什麼大人物才能做到的事，任何人、每個人都能夠對身處悲傷的人表達心疼之意。我們不需要具有大專學歷來表達疼惜，不需要取得悲傷輔導認證才能表達心疼，我們只要有一顆充滿慈悲的心以及常駐著愛的靈魂就可以做到。

見證是涉入感受情境

見證哀傷者的苦難歷程，需要努力地去理解當事人內在體會對她的意義，而非根據她外在的經歷強加意義於其身。積極主動的同理，就是指助人者聚精會神地參與了整個探索的歷程，而陪伴的行為則是為了要試著抓住哀傷者心靈內在的感受——那也正是其生命力量的所在。

同理的應答需要有超越表象而涉入哀悼者內在感受的能力，但總是要以「好像是這樣」的態度來揣測對方的角色，而不是自己直接去體驗當事人的經驗。哀傷者的經驗對他來說，箇中滋味是怎樣的？獨特的意義又會是什麼？她想表達卻又無法用言語形容的是什麼？

「見證心滿意足、視野和聲音、思慮，就像經過一片廣袤無垠——有如天空般的自然心性。人性就是根深蒂固地存在於空無、清澈和覺察中：不生不滅、不垢不淨、純然無瑕。」

——葛瑞（Alex Grey）

這裡所謂的同理，這個「見證」過程跟同情或澄清是不一樣的。同情是一種對他人關心，但不需要進入親近他的協助關係中的感受，那只是一種「我為你的事感到難過」的表達，但僅止於此而沒有後續的同理反應。比同情更糟的是感同身受，這樣的態度通常是那些將自己與哀傷者一起埋沒在悲傷的感受中，並想要一肩擔起對方痛苦的人會表達的方式。有些人用假設的話語說：「我知道你的感覺。」對哀傷者來說，用這樣過度感同身受的方式陪伴他的人，最使他沒有安全感。

見證是超越「我知道你的感覺」

發自內心積極同理地見證，讓哀悼者感受到你的理解。只是簡單地說：「我了解你的感受」，這是不夠的。同理心是身為陪伴的人在情緒與感受層面，對哀悼者有所回應的一種溝通，伸向他所在的地方，小心翼翼不要對他妄下評斷或想要教他「放下」並「向前走」。這種讓人覺得可以放心依靠的同理方式，才能釋放哀悼者，使其打開心房，真正地從內到外徹底進行哀悼。

見證是不嘗試去「修正事情」

越是站在關心、願聞其詳的立場讓哀悼者來告訴我們，就越不易感到有「修正事情」的必要。由於我們願讓自己接受教導，就放掉了要把別人帶往我想要他去的地方的包袱。換句話說，我們不會一心念著要有個結果。

這做法弔詭的地方是，越是願意讓自己被教導，並跟著哀悼者的步伐走，失落的整合工作似乎就越容易展開。至少這是我自己經驗中一個不爭的事實，恐怕也是我一生工作中所發現最偉大的禮物。

見證是接納失落的感受

根據觀察發現，有些人在協助哀傷者時，會避免引發或面對負面情緒，像是哀傷、寂寞、焦慮和痛苦，總是擔心表達出這樣的感受至少「沒什麼幫助」，或甚至以為「會使狀況更糟」。然而，經驗告訴我，這種擔心其實是一種助人者自我保護的防衛機轉，因為要對哀悼者任何真實的情感—心靈層面有所回應，實在是太可怕了。

只是因為感受很嚇人，並不表示身為陪伴者的我們就應該避免鼓勵哀悼的人表達悲傷。我們從來不該因為擔心哀悼者無法承擔，而逃避她所感受到的情緒。問題在於我們是否能夠在她表達悲傷時疼惜地在場給她支持，還是要讓她獨自孤立地跟自己的悲傷相處。也就是說：「身為助人者的我們，不能只是因為擔心自己不能承擔，就拒絕哀悼者可以有任何負面感受。」

不帶批判地見證的好處

能夠在見證之時傳達積極主動的同理，對哀悼者有下列幾點好處：

- 同理溝通是我們與哀悼者建立起陪伴—見證關係的基礎。
- 當哀悼者感受到同理地理解，且不會被批判，就比較願意冒險分享他心靈深處的悲傷遭遇。
- 當哀悼者感受到我們真心的努力，和想要了解她的誠意，才能建立出一個值得信任且威脅性較低的環境，因而消弭其自我保護和自我孤立的需求。

- 以同理的方式溝通，能夠鼓勵哀悼者自我探索，這是自我了解與疼惜的先決條件，最後終於（以「不講求速度」的方式）走向和解之路。

我們所選擇的態度跟我們將如何去支持悲傷的夥伴有關，也經常可發現這跟動機和需求有關。採用「教我認識你的悲傷，而我會不帶批判地跟你在一起」的見證苦難歷程的態度，也就是放下我們有時誤以為自己是「專家」的態度，我猜想，捐棄或放下這種自我本位的認同時，我們可能就會發掘自己的慈悲天性。

原則六

陪伴是幽谷伴行，而非帶路或追隨

「我們認定自己是誰——醫生與病人、『助人者』與『受助者』——的最熟悉模式，往往在照顧工作中，變成倚靠直覺的最大阻礙。它們限制了我們能夠全力為他人提供協助的樣貌……真正的疼惜產生自與當事人合而為一的情境。」

——拉姆．達斯

我真的相信，對哀傷者給予同理支持的最大阻礙就是，我們經常會用專業與否的角度來區分「我們」和「他們」的不同。把精力花在這種區分的模式上，最後助人的關係就產生距離。對別人的悲傷經驗，越是認為自己擁有優越的知能，就越會使哀傷的人變成需要受協助的被動角色。

在我處理悲傷照護的工作中，發現到真正的療癒力量來自哀悼者本身，而非「專家身分的心理師」。真心疼惜的態度，需要身為陪伴者的我們把自己當作是一位旅途夥伴，而不是哀悼者旅程中的專家。越是能夠在哀悼者身邊伴行，並向他學習，就越能夠感受到關係平等一致的真善之美。

還有一個方式就是把自己想作是一面鏡子，身為悲傷陪伴者的我們，並不會真的使任何人「療癒」，而是協助人們藉著這面鏡子做自我療癒。當他們凝視到鏡中的自己時，可能會經歷到自身的變化，體驗發自內心和靈魂深處的轉化。

本原則正描述出我所發現的陪伴悲傷者的工作特質。保持心胸開放，並總是記得向真正的專家——哀悼者——學習的人，才是適切的陪伴者。偶爾我們的心房也會關閉起來，若果真如此，可能可以用下面所述的一些方式與討論，來幫助自己軟化心靈、重新開啟心房。

這項原則所要問的問題是：「我們要如何與哀悼者建立關係，並提供一個安全的環境，好讓她在其中能夠暢所欲言地真正表達出悲傷，而不擔心會被評斷、孤立或遺棄？」接下來便是一些簡短的介紹，讓我們可以為哀悼者提供好品質的陪伴。在原則五的單元裡，也對這樣同理陪伴的精髓做了些討論。

尊重

尊重的重要性在於能夠不帶期盼地關懷，並肯定哀悼者是一位能夠發自內心進行療癒的獨立個體。尊重需要具有接納的態度，願意讓哀悼者告訴我們她的悲傷經驗；與抱持著尊重態度進行陪伴的相反做法就是，助人者專橫地認為自己具有優越的悲傷知能，並可為哀悼者決定該如何思考、感受及行動才是最好的。

敏銳而溫暖

陪伴工作中的敏銳度和溫暖態度可以表達出個人與哀悼者的親密感，這是專業距離無法做到的。使自己遠離他人的痛楚，並表現得很專業的樣子，是一些助人者工作上發生困境的原因。有些心理師甚至被訓練成需保持專業距離的樣子，要以冷漠無情的態度來接案。有句話說得真好：「人們不在乎你知道多少，除非他們知道你有多在意。」總而言之，敏銳度和溫暖態度顯示著我們的耐性，以及能夠不批判地回應哀悼者需求的能力。

真誠

陪伴者必須要真正地做自己——不虛假做作，也不心存防衛，言語跟舉止都要跟心裡的感受一致。真誠的態度可以使人際關係豐厚，當哀悼者感受到我們的真誠，她才能夠真正表達出她的內心世界。

信任

信任是穩定與安全的感覺，悲傷的人經常會因為失去了所愛的人，而不由自主地對這世界感到無法信任，他們有時懷疑是否還要再冒著風險信任別人，或再對他人付出愛。身為陪伴者的我們，就有義務協助哀悼者去感受到與我們在一起是穩定而安全的。當兩人之間產生了信任感後，互動上就有明顯的能量交流；相反地，若是缺乏信任感，能量便無法交流，於是什麼事都不會發生。

立即性

立即性就是與哀悼者同處在當下，這是一種超越誰曾經說過什麼的境界，重點是此時此地每一片刻發生了什麼事的過程。功能佳的陪伴者，要有這種高度立即性的潛能。哀悼者的需求就在眼前，需要我們能夠立即回應，當下的需求發自心靈——而哀傷工作的根基就在於心靈。

謙卑

這牽涉到願意從個人的錯誤中學習，並能夠對個人的極限與優勢抱持著欣賞的態度。謙卑也意味著，能夠持續注意到自己的失落經驗，是如何地影響著面對哀悼者的你。謙遜的助人者會記得問自己：「對於分享案主的悲傷經驗，我是如何受到了影響？」「案主的失落經驗是否讓我想起了自己的某些失落？」「案主在我心中激起的漣漪，我有地方可以敘說並獲得心理支持嗎？」謙卑意味著，我不是專家，但願意敞開心房學習每一段陪伴關係可以帶給我的新經驗，讓我能夠在當下變得更可以即時幫助他人。而謙卑也跟服務倫理有關——真心想要照顧別人，同時又明白自己並非「掌控」的一方。相反的，應該是讓自己服從陪伴（而非處遇）的原則，並開啟自己的心靈走進那個名為悲傷的神祕旅程。

耐性

對案主保持耐性，就是讓他能夠用自己覺得舒適的方式和時間進行哀悼。一些和悲傷者最深層的溝通，有時來自於沉默和寂靜的時刻。擁有耐性，正是一種建立信任關係的方式，並能使案主意識到我們對他獨特悲傷的見證以及誠心學習的態度。表達耐性是一種非常安靜、不預設立場的特性——是一種可以等待看不見、說不出的事情慢慢逐漸呈現的能力。耐性也表示著靈性的靜謐，是一種內在深層的洞悉，知道你會在當下，與哀悼的案主站在一起。

希望

我覺得沒有這項特質，就不可能成為一位真正的陪伴者，因為用有希望的信念與哀悼者溝通，他才能夠療癒，或「重新完滿起來」。

希望是期望事情將來會變好，這是一種對現在活著的日子抱有可能性的表達。我們以自己心中的希望，在哀悼者心中建立起希望，同時在助人關係中也提供接納、承認、確定和感恩的態度。希望彙整了能量，並激發出哀悼所需的勇氣。

幽默

即使在悲傷的迷霧中，還是會有突發的幽默時刻。當我們在傷痛的迷霧中大笑時，可以感受到那是多麼閃亮的一刻，安置在太過肅穆的氣氛中著實違反宇宙的規則。

真心

「真心」陪伴悲傷的案主，就像真實面對自己的感受一般，具有人情味又容易感傷。若是發自內心地去陪伴，我們就能夠進行全人的運作；假如帶著分析的態度，把自己當作主責人，可能就只會在自己的腦袋裡盤算。然而，整合悲傷的重點並不在於心智，重要的是心。身為一位自在的陪伴者，要放鬆做自己，再把疼惜的情感帶入所有的協助工作中。

這可以讓我們不僅是完成個人想要幫助悲傷者的熱情，也可以達到對哀悼者有所貢獻的最高目標，好好陪伴他們，於是他們會好好活下去，好好地繼續去愛。若是發自內心，我們就處於一種與神明、與自己和與其他人深度結合的狀態。我們不會落單，這是一種與其他陪伴者共同運作的陪伴關係。

一旦有機會探索上面列出的十種特質，想想自己所擁有的優勢和弱點，就最好再把它們都拋諸腦後，當覺得自己在助人關係中有幾個特質好像不見了的時候，再回到這個原則來看看。當覺得自己在陪伴關係中遇到了困境，就會發現，可能正是因為忘記了這裡所提的某些特質。

原則七

陪伴是發現沉默的奧妙，而非用言語填滿每一個痛苦的片刻

「除非能夠超越沉默，否則就什麼都別說。」

——佛經

發現沉默的神妙，我們就能在悲傷旅程中為哀悼者打開心房，鋪築通往遍地智慧的大道。讓自己沉靜下來，便能保持開放而溫柔的心靈。

把每一片刻的注意力都放在哀悼的案主身上，我們自己本身就是他獲得滋養的來源。每當陪伴一位哀傷者時，疼惜與專注的態度可以平息其他很多可能影響我們專心一致的紛擾。

沉默是禮物

悲傷的神祕性讓我學習到，它需要有一段獨處和沉默的時間。悲傷的人可能沒有機會住進隱蔽的修道院、或到林間走一回、或在沙灘上漫步，但她卻可以得到你沉默的陪伴和充滿愛的關懷。先在自己的意識中安撫好自己，且在一開始協助對方時就將信任安放其中，全然與這位並非真的需要你說話，而是看重你用心靈陪伴的人在一起。

「沉默並不是不出聲，而是將注意力放在傷痛上，對著心靈說話。」
——湯瑪斯・摩爾

「不評斷的態度可以產生發自內心的寂靜。」
——狄帕克・喬普拉（Deepak Chopra）

以沉默陪伴一位悲傷的人需要具有洞察力，好讓我們的能量、關懷與疼惜得以傳輸給對方。當我們安靜地坐著，就表示我們明白停頓與放慢腳步的重要性，並了解悲傷旅程的部分工作就是走向內心深處。身為助人者的我們應敬重哀悼的內在直覺，因此需要珍視沉默，且看重它在療癒旅程中的重要性。

沉默同時也需要我們尊重療癒歷程中，痛苦所扮演的角色。若是我們不了解這點，也就無法叫自己的舌頭安靜下來；相反地，我們會覺得非常需要說些什麼，有意無意間就會覺得十分需要調教哀傷者。保持沉默，我們才會在過程中看到，修補那顆破碎的心原來是需要空間才能展開的。這是多麼重要的一份禮物，讓我們明白沉默所帶來的療癒力量！

悲傷徵狀與沉默

許多悲傷徵狀都使得哀悼者有沉默和獨處的需求，我覺得多做這方面的探索是具有啟發性的。也許對很多人來說，悲傷最令人感到孤單和害怕的部分就是隨著失落而來的瓦解、困惑、渴求等感受。如同曾經有人向我表達的：「我覺得好像一個孤獨無伴的旅者，更糟的是沒有目的地，我無法找到自己或其他任何人。」沒錯，哀悼者需要沉默和獨處。

另一個常有的悲傷徵狀是判斷能力減弱了。能夠為自己以及受監護的人做最有利的抉擇，要靠好的判斷力，許多哀悼者會暫時失去正確的判斷力。沒錯，他們需要沉默和獨處。

另一個悲傷徵狀是看不到前景並想要尋求意義，目前生活自然會比過去感到更為黑暗，全都變了形，失去了前景。有些時候問了一連串的「為什麼」，卻也沒有答案。「我這麼愛他，為什麼他卻死了？」「為什麼我還要繼續活著？」是的，他們需要沉默和獨處。

還有一個徵狀是悲傷而又無精打采，脆弱的現象可使哀悼者慢下腳步，產生需要隱私的需求。伴隨著悲傷的無精打采經常比單單是累到沒氣力需要更多休息，它反映出哀傷者身體的免疫系統減退，失去了回應的活力和能力，可見我們的身體就是這麼有智慧。沒錯，他們需要沉默和獨處。

沉默中的陪伴關係具有某種成分，可以在如荒漠般的心境中帶來平靜。悲傷大力而沉重地壓在心頭，而沉默卻能夠為哀悼者抬起這顆沉重的心，創造出可以專注於悲傷處境的空間。處在沉默中有助於能量重建，並使我們有勇氣去探索悲傷轉化過程中的許多樣貌。

「上帝為什麼給人兩隻耳朵和一張嘴？這樣他才能夠多聽少說。」

——改寫自哈西德（Hasdai）的著作

「對許多困擾來說，沉默是最佳良藥。」

——《塔木德經》

沉默教導我們什麼

面對悲傷的人，選擇以陪伴的方式對待而非治療他們，這選擇表示我們看重沉默的價值並能敬重它。於是，我們能夠在第一時間就敏銳到傾聽的重要性、注意到哀悼者最深層的需求、看見她的獨特性、接納她的生命動力，並把希望灌注在平靜的心靈。我們使腦中任何想要評斷的直覺都保持靜默，並保持跟自己的心相連。當處於靜默狀態時，將會感受到自己的情緒，同時也會渴望想要從哀悼者身上學習。當真正有需要回應時，就能夠站在一個體貼且疼惜的立場給予回應，這樣才能看清楚我們所陪伴的脆弱心靈。

當與失落者沉默地坐在一起，你才會發現悲傷是這樣的神祕，無法用言語述說。與剛失去愛子的父母站在墓地時，就發現此時此刻說什麼都不適切；面對媽媽死於車禍的小朋友，當我們彎腰安撫他時，就發現此時此刻說什麼都不對。失落所帶來的哀傷飄蕩在愁悶的靜默中，使我們深知生與死的運作是無法用言語表達的，而我們將為這樣的認知再度感到謙卑。

原則八

陪伴是保持靜止，而非急著向前行

> 「事情在其適切的時間發生。」
>
> ——巴諾（Enid Bagnold）

當人們處於哀傷時，接收到的訊息大多都跟靜止相反……「加油」、「抬起頭來」、「保持忙碌」、「我幫你介紹新對象」。然而，弔詭的是，許多悲傷者越是積極地想要向前行，卻反而常常迷失了方向。

身為一位陪伴者，我們陪同哀悼的人一起保持靜默的能力，可以幫助她對深層的心聲產生敬意，那是一種沉默的智慧。正如奧地利詩人里爾克（Rainer Maria Rilke）的論述：「任何事都有孕育期，然後才會向前行。」尊重靜默的狀態，我們才能幫助哀悼者在旅途中有所歇息。

> 「我們可以對生命做很多事，而非只是加速使它前進。」
>
> ——甘地

靜默的時刻並非根基於心理上的需求，而是靈性上的必要。沒有靜止的機會，將更加困惑和失去方向，且造成精神耗弱。若是哀悼者沒有靜止休息的機會，她就無法找到走出哀傷荒漠的通路。靜默讓心靈工作移向精神工作的層次，這樣才能重建生命的動力。

讓身心處於靜默的庇護中，具有智慧而優雅的洞察力於焉生出。所以，我身為助人者的其中一段祈禱文正是：「慢慢走，不企求速度。」唯有當我們敬重靜默所帶來的肅靜力量，悲傷才能有所轉化。

無法保持靜默

若無法保持靜默，哀悼者就不能產生所需的能量來接納自己的哀悼工作。與深受困擾的人一起處於靜止狀態，使我們自己與當事人在陪伴關係中得以為悲傷發聲，我們將看到唯有靜默下來才會覺察到的智慧，也就是說這靜默的狀態能讓我們溫柔地注意到心中感受。

不能保持靜默，哀悼者便缺乏最後能將悲傷轉化成新意義及生命目標的基礎。哀悼者與強大的悲傷力量相遇，是需要以靜默的狀態來面對的。想要脫離靜默狀態，經常要靠敬重悲傷的精神才能做到，並從別人走過的痕跡找到智慧所在。

透過觀察，我了解到悲傷的整合需要透過靜默的歷程才會發生，不是硬做出來的。拒絕使用技巧而「讓事情自然發生」需要有肅靜的空間，神聖的時刻在行動中就會產生。也就是說，若我們停止操作悲傷歷程，其他的東西，像優雅、智慧、愛和真理就跟著出現。

> 「靜止的節奏就是安足之師。」
>
> ——蘿絲（Gabriella Roth）
>
> 「過去的傷痛必須要以比『與之和睦相處』付出更多超越極限的努力來關照。」
>
> ——奧莉亞·山居夢客（Oriah Mountain Dreamer）

陪伴哀傷者一起向靜默表達敬意，我們將發現心靈的力量散發了出來，它遏阻當事人大步前行，而鼓勵他們歇息以獲得最後的重生。刻意地企圖向前行，或更糟的，想盡辦法要他學會「放手」，將會產生反效果。積極地向前行反而耗弱了原先就失去滋養的心靈，這心靈是需要經過靜默歇息，才能慢慢重建的。

靜默與傷痛

身為一位陪伴者，我們應好好把心思放在靜默的工作上，去感受所面臨的痛苦和折磨。若在療癒歷程中看不到痛苦的價值所在，就不可能跟當事人共處在哀傷中而保持靜默。

若認為悲傷所帶來的痛苦是不必要或不適切的，就會對保持靜默有所抗拒。當處於靜止狀態時，我們將會跟悲傷的真義面對面，也會看到失落的最原始感受，以及深層的哀傷。有時，心靈的暗夜迎面而來——一種深層的、心靈上的被剝奪感，這可能正是值得探索的部分，找到當事人真正活下去的意義所在。

如果我們看不到在這痛苦中有什麼最終可以療癒的機會，那麼面對靜默時就會感到焦慮、擔心。擔心在靜默中可能會發現的真相，於是直覺地把靜默的機會推走，企圖用盡各種技巧讓自己跟當事人保持忙碌，以避免

「我發現內在的生命跟外在的生活一樣有價值，而且最豐足的時刻發生於完全靜止的時候。」

——理查・柏德（Richard Bode）

「我從來沒見過比能夠保持寂靜更適合的陪伴者。」

——梭羅（Henry David Thoreau）

進入許多深層感受。在靜默之中，我們停下來聆聽，才能夠聽到並感受到那份伴隨著哀傷的空寂感。

相對的，若是承認痛苦與折磨的事實其實是療癒歷程的一部分，我們就能夠好好與靜默並肩而坐，可以停住腳步不急著想要去解決痛苦。我們會看重並相信最後終能走出黑暗迎向光明；會看到隱藏在哀傷底層的力量和智慧，這是尊重靜默的結果；會看到在靜默中的當事人將發現真正的哀悼，能夠為每日全心地過活帶來祝福。

原則九

陪伴是敬重失序與混亂，而非強加秩序與邏輯

「與其掙扎、抗拒困惑所帶來的影響，不如放鬆自己迎接它。」

——佩瑪．丘卓（Pema Chodron）

所愛的人往生了，這使哀悼者的生活產生巨大改變，這些改變首先出現的是失序與混亂。但陪伴並不是為了去了解失序與混亂、弄懂它，或試著讓它令人好過些。

陪伴工作的挑戰性在於出席在失序狀態中，並相信隨著時間，最後終能重新找到方向。當事情牽涉到心靈時，哀悼者最不想要的就是把理性的部分拉進來。在失序與混亂之際，他需要的是心靈層面的陪伴。若我們能夠放棄想要有效而快速地消滅失序和混亂狀態的期待，我們就可以協助哀悼者對自己有更多的疼惜，而不會覺得要先趕快驅走這些療癒歷程中其實是正常反應的徵狀。

「深層的憂傷使我的心靈更加仁慈。」

——華滋華斯（William Wordsworth）

悲傷的失序感

失序與混亂正是等待的時刻，是癱瘓的時刻，是這世界不再像它在死亡事件之前那麼講理的時刻。哀悼者可能會有無法歇息、動盪不安、不耐煩以及持續不斷地混亂的感覺，經常無法完成該做的事、健忘，且以前生活中的樂趣現在對她來說都沒什麼感覺了。

哀悼者可能會不停地尋找逝者，這樣的搜尋和渴望讓她感到筋疲力竭，且伴隨著「無精打采的悲傷」，而這些只是他們經歷失序與混亂時，很多需要關注的悲傷徵狀中的一小部分。

「我希望有個完美的結局。經過一番鍛鍊，如今我了解到有些詩可以不成調，有些故事不會清楚交代來龍去脈。生命就是這麼不可知、充滿變數、活在當下把握時機、無法預料，真是一道令人回味無窮的大雜燴。」

——芮那（Gilda Radner）

不幸的是，許多悲傷的人不允許他們自己在失序與混亂的情境中屈服或放鬆。我們生活在一個經常鼓勵壓抑、否決任何失序與混亂的社會中，因此我們重視秩序和邏輯：「你要好好控制自己，回到生活軌道，傷心難過是沒有用的。」這樣說的結果就是使許多人不是暗自悲傷，就是想盡辦法逃避悲傷，使用保持次序和邏輯的方式來逃避。

運用邏輯來管理悲傷

由於有一些獨特的方式可以讓人們對悲傷所帶來的迷惘加以壓

抑、否認或遠離它，我在此的討論便是針對那些習慣於低估情勢或講究理智的人，因為他們是用秩序和邏輯來克服悲傷的。通常對失序和混亂感十分敏銳的人，他會發現以各種理性的想法來降低這種感覺很有效，這個人就會想要證明他其實並未受失落的影響。觀察這些慣於低估情勢或講究理智的人，可能會聽到他說自己有多麼的厲害，能夠很快回到正常生活。在意識層面，他的邏輯看來似乎有用，且當然也符合社會所釋放的訊息，很快地「走出了」悲傷；然而其內心被壓抑的悲傷感受卻累積了起來，同時也造成情緒和心靈上的張力——這就是心靈的徵狀。

「事實上，我們最純淨的時刻往往就是當我們深深感到不舒服、不開心，或不滿足的時候。因為唯有在這樣的時刻，不舒服驅使我們走出窠臼，去找尋不一樣的思考方式或更具有真義的答案。」

——史考特・派克（M. Scott Peck）

這樣的人往往相信（通常是受到逃避哀悼上身之文化的無意識汙染）悲傷是一種透過思考的經驗，而非透過感受的經驗。這是典型的理性運作過程，於是以為言詞就能替代真實感受的表達。任何失序和混亂對慣於低估情勢或重視理智的人來說，都是一種威脅，他們只想尋求可以避免失控的感覺。更糟的是，她可能會遇到一位有著同樣信念的「專業」心理師，試著使用一些技巧來克服所面臨的失序和混亂。

不幸的是，若她越是說服自己覺得已經克服了悲傷，她就越難讓自己在情緒和心靈層面上有機會表達，結果往往是充滿毀滅性的惡性循環。

在我的經驗裡，要求哀悼者保持邏輯和秩序，通常會導致其個人在深層感受上有難以體驗和表達的問題。有些人會極力想辦法克制自己，有些人無法忍受失序和混亂經驗所帶來的痛苦及無助感，然而還有一些人則是因為缺乏鼓勵表達心情感受的支持系統。

是的，伴隨著失序和混亂的哀傷對哀悼者來說可能令人無法承受，當她遇到這個迷失方向的處境，內裡所有的事情可能都會關閉，然而在此過程中她也許會摒棄自己真正需要的東西，她可能將失序和混亂視為敵人。

另一方面來說，作為一位陪伴者，我們了解到這些狀況並非敵人，而是因為悲傷將我們撕裂了的結果。失序其實是一種生理回饋機制，提醒著哀悼的人對失落保持開放的心。如今，問題卻演變成：她將如何掌控失序與混亂？她能夠試著保持秩序和邏輯，下定決心把失序與混亂趕走嗎？或是她會耐著性子，自我滋養，並尋求能夠支持同理的陪伴者？

毫無疑問的，許多人心中問著：「悲傷會維持多久？」之所以有這樣的疑惑，其中一個原因就是我們的大環境對悲傷沒耐性。能夠持續不斷表達悲傷的人，常常被視為「軟弱」、「神經」或「自憐」，悲傷被視為是一件需要克服而不是需要經驗的事情。

這樣的訊息導致我們認為需要採用秩序與邏輯的理性、機制原則來抵

「對心中無法解決的事抱持耐性。試著喜愛問題本身，像是被鎖著的房間，像是外文書籍。不用現在就得找到答案，它們不會因為你不能忍受，就讓你知道結果。這是個要我們去體驗任何情境的問題，如今你需要去實踐它。也許過了很久之後的某一天，就漸漸發現自己正在經歷所尋找的答案，甚至也可能都沒注意到改變已經發生了。」

——里爾克

抗失序和混亂，拒絕沉默中的淚水和苦難，而誤將「堅強」視為值得仰慕的行為。然而，對悲傷最有幫助的方式就是迎頭靠近它，並敬重這些徵狀的價值，因為只有它們才能反映出真正的特別需求。

沉默的哀悼者

無法表達出哀悼的結果便衍生了「沉默的哀悼者」，即使有人想要給予支持也無法辨識誰是正在哀悼中的人。人們有漠視悲傷、將其關閉隱藏起來的習慣，這更彰顯了陪伴者需要努力做外展的重要。

我們的社會常常無法支持受苦於心靈層面、呈現失序與混亂的哀悼者，喜歡強調理性、不失控，卻使得哀悼者為了要與社會網絡結合，而將淚水、擔憂和痛苦留給自己獨自承受。身為一個負責任的顛覆者，我邀請你跟我一起努力把這趨勢扭轉，改變大家無法認可悲傷所帶來的失序與混亂，其實卻是哀悼歷程中的正常徵狀，他們有受疼惜和被支持的需求。支持哀傷的人是一件關於愛的事，跟邏輯無關！

原則十

陪伴是向他人學習，而非教導他們

「不要在不經意中對敘說的故事滲入個人的解讀、分析和下結論。」

——湯瑪斯・摩爾

在我就讀研究所的傳統心理學時，曾經學到像評估、診斷和治療等術語，其中很大一部分都是教我們大量研讀跟心理衛生有關的知識，認為專家的地位就是要很專業，而被治療的人就是病人。沒錯，我也學了一堆診斷分類，以及標準介入法的知識，這些都是建立在先要有正確診斷的假設基礎上，這些後來被我稱為「無意識之汙染」的理念使我相信，自己對疾患的治癒是有責任的。但經過時間、成長和經驗的洗禮後，我反而拒絕了這種照顧模式。

有了與哀傷者同行的許多經驗後，我產生一顆「備受調教之心」，它使我接受自己是個負責任的顛覆者角色。我所學的是醫療模式的心理衛生照護，但真實生活的經驗卻使我拒絕了那樣的做法，而使用陪伴模式的照護法。正如一開始在序言中所提到的，我相信我們現今對悲傷的了解，並沒有珍視對悲傷歷程中在精神與心靈層面特質的關注。

於是我離開自己的醫生診所，而成為如今的陪伴角色。身為一位陪伴者，我相信悲傷是一種必然的有機過程，它就像日出日落那樣自然，就像地心引力一般有道理；悲傷雖然複雜，但絕對是人們情感最自然且不可或缺的混合物。陪伴者並不能治癒哀悼者，而是要建立可以讓他們跟我們訴說的情境。我們的任務是藝術性甚於科學性，用心體會多於用腦分析。喪慟者不是我們的病人，他是我們的夥伴。

支持團體與悲傷故事

在今日的北美洲，許多人都可找到這種陪伴型態的悲傷支持團體。這類活動的價值所在，自然不是出於支持團體的治療經驗，而是其他更簡單（但卻威力無比）的方式：說出悲傷故事。團體聚會的重點在於對每一位成員的生命故事保持敬重態度，並相互支持對方有真正哀悼的需求，不要把精力花在解讀或分析上。團體對說出生命故事的人要持肯定態度，讓他們有勇氣表達經常伴隨失落而來的血淋淋的傷痛。生命故事說出真心話；生命故事創造希望；生命故事建立療癒之路。

有效的團體領導人應認知到，他們的角色不像團體諮商那樣要會很多技術，而是要能在團體中建立「肅靜的空間」，讓每個人的生命故事被聽到卻不受他人評斷。有效的悲傷團體領導人是謙卑的，卻也必須嚴格要求自己要能在團體中建立一個成員們能夠說出他們傷痛的空間。這個在團體中能夠說出自己悲傷故事的共識，正是避諱哀悼的文化中所欠缺的，在那文化中許多人卻會為此而感

「使人療癒的人是主持者，他有耐性且細心地傾聽苦難陌生人的生命故事。」

——盧雲神父

> 「故事，是由說的人和聽的人共同仔細地選擇和形塑出來的，它開啟了進入我們內在版圖的通路，從深藏的生活細節、故事的揭露和意識下的沉思中透露了生命意義。」
>
> ——奧莉亞・山居夢客

到孤立和羞恥。而且，愛與失落的故事確實需要時間、耐心和無條件的愛，這些都是很有效的解藥，只是現今社會大多數人卻認為當事人應該「放下」和「向前走」才是對的。

創造新意義及生活目標需要哀悼者「重述」他們的生命。顯然地，這就需要能夠同理的陪伴者，而非治療者。固有文化認同一個事實，尊重他人所敘說的生命故事能夠重塑其個人經驗。重新述說的悲傷故事並非僅止於說個一次、兩次或三次，而是一遍又一遍地說。哀悼的人需要傾聽者帶著悲憫的態度，並相信他們所說的事實。因此，身為一位陪伴者，我們對於所說的悲傷故事表達支持的態度，便可以享有「拼湊」這故事的特權。

敬重我們夥伴的生命故事可帶來許多好處，說明如下：

- 我們會在自己碎裂的部分找回完整性。
- 我們會透過新的或出乎意料的方式發現自己是誰。
- 我們會探索自己的過去，並對於自己的源頭和未來方向有更深入的了解。
- 我們會當下解讀自己的世界觀，並了解自己的角色。
- 我們會探索所感受到的愛和失去了的愛，將如何影響我們在世的一生。
- 我們會發現沒有悲傷故事的生命，就像沒有內容的書——好看卻沒有內涵。
- 我們會尋求原諒，並因自己必將腐朽的事實而變得謙卑。

- 我們會明白是災厄豐富了我們人生的意義和目標。
- 我們會向內探索，並發現先前不了解或不知曉的連結。
- 我們會注意到過去是如何地影響著現在，而現在又是如何地回應著過往。
- 我們會發現療癒的路途不只牽涉到生理狀況，也涉及情感與心靈的範圍。
- 我們會發現好好過活的實踐，在於把過往的經歷轉換成口述或文字的表達。
- 我們會了解每一個獨特悲傷故事的真正意義就是，我們能夠抓住它的精神、心靈，以及亡者的真正價值所在。
- 我們會更明白在痛苦和受難之中，才能覺醒到活在世上的每一天都值得珍惜。
- 我們會發現自己在當下時空的真義。

敬重我們自己的悲傷故事

我相信哀悼者在直覺上會感受到誰會傾聽他們的悲傷故事，誰又無法做到。他們經常在物色，有誰透露出能夠敞開心房、接納心靈交流的訊息，並向他們慢慢說出自己的人生故事。有能力處理自己的失落故事的人，就能夠開啟心房去了解他人的故事。

敬重人生故事，包括我們自己的和他人的，都需要我們放慢腳步，走進內心深處，並建立肅靜的空間才能做到。沒錯，這在講求快速與效率的文化裡是不可能的。在此，許多人對於敘說悲傷故事的價值所在都不了解。

然而，陪伴者了解，唯有在可以重述生命故事的環境裡，才能包容那些需要被接納的事情，並了解人的心靈才是重點。我們在說生命故事的過程中獲得療癒，這就是故事驚人的力量。

「敘說人生故事，尤其是關於我們自己的，可以說是一種最私密又涉及個人隱私的事。」

——史東
（Richard Stone）

原則十一

陪伴是表達想了解的心意，而非表現專業

「真正的了解是一種確定和未知的創意性混合，它的竅門就在於能夠明白自己也會有不了解的時候。」

——湯瑪斯・摩爾

陪伴所具備的好學心就是願意走進悲傷的神祕之中，並從中學習，而且承認自己不能也無法全然了解別人經驗的態度。好學心就是一種禪所謂的「初心」或「無知」的境界。

這種態度並非不予理會，而是一種能夠不預設立場的態度。每次有機會面對哀悼者時，都能用全新的眼光與他同行，或向他學習。這需要先釐清自己的思緒、信念和想法，因為這些都可能影響我們把當事人放回不被預

「對於案主的生活能力、資源及復原力保持好學的態度，專注傾聽，並不表示治療師不重視他的痛苦，或假設自己應該為他加油。相反地，這麼做需要能夠傾聽他的整個人生故事，混亂的和清晰的、煎熬的和可以忍受的、痛苦的和可因應的、絕望的和渴望的。」

——摘自 *The Heroic Client*, 作者為巴瑞・鄧肯及史考特・米勒（Barry Duncan & Scott Miller）

設立場的狀態。

就如我們都知道的，孩子天生就充滿好奇心。當我們長大後，便有失去這種本能的風險，無法保持高度注意力，以及渴望向周遭人事物學習的天性，我們可能錯誤地以為自己什麼都知道。換句話說，我們的理智接管了天性。然而，身為一位哀傷之人的陪伴者，將重新啟動我們奇蹟般的敏感度，帶出全新、單純、不加矯飾的眼光來看事情。

不知道

有趣的是，我們唯有承認自己不知道，才能向哀悼者學到如何協助他，亦即超越無能為力，最終就會變得有幫助。我們必須願意跟原來的信念切斷，不再認為自己是神奇的專家，知曉別人在情感和心靈層次的哀傷旅程是怎麼回事。

也難怪，接受助人者訓練的結果的確會使人很難承認自己有不知道的地方、竟然會沒有答案。我們可能直覺上就害怕面對那些身處中介空間——處境曖昧不明（betwixt and between）的人。

「志趣相投的一群人發展出他們的信念和做法，互相教導，加強這個社群的基本信念，然後不再注重那些發展出的信念和做法是此社群特色的事實。」
——范屆
（Robert T. Fancher）

事實上，我們可能早已被育成，作為一個專業人士，就要有信心，並能表達如同教條一般重要的意見。在這種文化中，若承認自己有迷惑，或隨口提了有關增強同理心的問題，而不是提供能夠配合制度的短期治療技術，就會不被尊重。我們在受訓過程中無意識受到的汙染，傾向要我們學會評估、診斷，並能提供治療；而不是學會觀察、見證、傾聽、學習，並且關注我們的案主。

對一些助人者來說，要他們捐棄「診斷分類」、「介入計畫」和「治療策略」，即使不至於不可能，也還是非常困難。這些術語經常襯托著助人者的專業形象，也是專業醫療模式中的一部分。然而，陪伴工作則是謙卑地看到「疼惜而好學地關注」（compassionate curiosity）才是我們真正需要用以照顧哀悼者的做法。

我們有幸作為一位陪伴者，能夠聽見並學到應保持想了解的心意，而非確認自己都知道。說真的，越是好的陪伴模式，越能夠讓我們靠近想要給予支持的當事人。當我們不帶評論或解讀的心態去傾聽，就能夠為案主建立安全的空間，並成為一位令人安心的陪伴者。

疼惜而好學地關注

保持著耐心、謙卑和關注的態度，積極主動地鼓勵哀悼者告訴我們，讓我們知道她的悲傷是怎麼回事。

總之，並不是因為彼此有所不同使我們跟哀傷者對立，那是我們習慣相互評斷所造成的。好學而想要了解的心意，和「告訴我」模式的運用，把我們跟案主帶回到一起。使用這樣的模式，我們可以安心停歇在有時因為不知道、不確定答案或算不算是專家等，這些令人狐疑的情境中。陪伴的關係使我們把注意力放在心靈和心理的工作上，並扮演接受帶領的角色，而非引領對方。

專家的迷思

如今，越來越多的助人者都想取得像悲傷輔導師、心理師、治療師等的證書，我所主持的「失落與生命轉化中心」也提供有死亡與悲傷研習的證書。但我要在此說明的是，雖然花了一百五十小時深入了解死亡和悲傷的神祕，且獲得證書，但並不表示擁有這紙證書的人就是專家。事實上，它所代表的是獲得證書的人願意去深思其中奧祕，並願意保持好學態度，從真正的專家——哀悼者——身上學習！被別人當作專家，或更糟的是，自己把自己看成專業悲傷諮商師，可能這第一步就讓你無法成為一位有創造力的陪伴者。

正如佛教所開示的：「發心如初，成佛有餘；學佛三年，佛在天邊。」對這現象，敏銳的觀察者布萊福德．齊尼（Bradford Keeney）則寫下了身為專家或大師級的心理師可能會有的危險：「你會發現，無論說什麼都沒用，任何說出口的東西聽起來都很冠冕堂皇……避免大師級言不由衷的官樣語言，回歸到包容與接受培訓的初心。維持並尊重無知的狀態，聆聽並敘說自己心底所發出來的聲音，將會有令人驚奇的發現。」

「想要針對各種不同形式的療癒策略增加專業知能，卻使工作變成了權力的運用，而非提供服務，這就很危險了。」
——盧雲神父

當我們在好學與專家兩者間的價值上做取捨時，好好傾聽自己內在的聲音。我們從自己所經歷的個人悲傷學到什麼？怎麼樣的做法可以幫助人獲得療癒？你可注意到，隨著悲傷歷程的開啟而產生的變化，並不是依照計畫前行，或因刻意介入而產生的結果？你欣賞哀傷的神祕性，並打消想要解除它的渴望嗎？你相信照顧哀悼中的人所需的語言，跟現代學院派心理學所用的不同嗎？根據你心中的答案，就會發現自己可能是個負責任的顛覆者，深信且疼惜地去了解對方才是對的，需要挑戰的是自以為是的專家心態。

我相信每一位心理師都會發展出他自己的理論或觀點，知道如何可以協助喪慟的人獲得療癒。向自己挑戰看看，解讀一下自己跟喪慟者或整個家庭在諮商關係中發生了些什麼事，就我所知，這可以幫助我們去了解並改進助人工作，真正地協助到那些我們想要陪伴的人們。

發展出自己的助人原則，讓助人過程具有一致的理念，並能產生新的想法，使自己的工作更加有助益。現在，各位已經看完了我對喪慟者的陪伴原則，希望你們也會有自己的想法。我建議各位在閱讀本書第二部之前，花些時間寫下一些個人的想法吧。

從理念到實務：陪伴哀傷者的箴言

在行動中摻入疼惜心

「在穿過『陪伴』的透視鏡之後，不僅心理師對於悲傷的觀點改變了，其諮商／支持身旁夥伴的方式也會跟著轉變。」

——渥菲爾

我最誠摯的祈求就是希望本書第二部所探討的訊息具有鼓勵及實用性，能夠真正幫助到那些想要了解如何將陪伴傷慟者的藝術理念轉變成實務工作的人。本書此一部分的主要目的就是激發讀者，讓各位把關懷與疼惜的心注入行動中。

當我們研讀本書的第一部時，相信各位會發現，我主張悲傷並不是一種需要被「治療」的困擾、不是一個需要被「解除」的危機、不需要「結案」，也不是一種需要去「克服」的經驗。相信各位亦發現，我主張面對珍愛之人的死，人們所需要的並不是給予「解釋」，而是需要有機會能夠慢慢表達，把它說出來，並一點一滴找到其中的意義。

悲傷照顧的陪伴理念可說是一個合作的旅程——一種協助的結盟——可以促發真正的哀悼，讓遺族找尋意義所在。協助的過程是一種發現而非復原的歷程，必須要在心靈受到翻攪、生命產生變動的體驗中，對於失落所做出的回應才會受到重視和理解，悲傷反應的徵狀才能透露出其背後所代表的需求。

世界觀

人們對於宇宙運行方式，以及他們安身立命之處所持有的一整套信念。

當採納這個理念時，心理師就成為一位願意受教的陪伴者，沒有所謂「解決的盼望」（請見第 8 頁），而是對於「不惦記結果」、「不企求速度」以及「神奇動力」等概念的了解。我們共同的體認就是，失去一位珍愛的人是一種生命中的警醒，將會是這位遺族一生的體驗，並改變她的世界觀。

我們需要明白的是，當哀悼者的世界觀變脆弱時，她時常會需要長時間的支持，在重回生命、生活與愛的軌道之前，先行重建自己，真可說是實實在在的「尚未完工」階段。

然而，即使重建過程是一個自然的經歷，陪伴模式仍要以重燃希望感為重；其實，「希望」根本就是陪伴模式的根基。希望是一種相信將會有好結果的期盼，表示目前生活中充滿了可能性，是一種相信療癒會發生且將發生的信念。陪伴則是一種當哀悼者感到生存價值不再時，用以維持希望依舊存在的藝術。陪伴工作就是要明白，苦難需要先有人見證，才會有轉化的契機。

悲傷療癒是什麼？

悲傷療癒是一種再度完滿的感受，把悲傷融入自己的生命，學會在尋獲的圓滿和意義中持續這個曾經經歷變動的生命。想要有新的和改變後的「完滿」體驗，需要我們先投入哀悼的工作中，這並不是我們的外在發生了什麼事，而是要我們對於心碎事件保持開放的心胸。

療癒是一個全人的概念，包含生理、情緒、認知、社會和靈性層面。要注意的是療癒跟治癒不同，治癒是醫療用語，有「治療」或「矯正」的意涵。我們無法治療悲傷，但我們可以與之和解；我們不能矯正悲傷，但我們可以從中療癒。

療癒

……是與最害怕的事物邂逅。

……是對想要與之隔離的事物開啟心房。

……是真心一致，把死亡的事實與生命整合，接納失落所帶來的傷痛。

……是一條永不止息、走向完滿的路。

……是對過往尊重，對未來懷抱希望。

……是關於對心靈轉化的探索。

……不是在乎結果，而是沉浸在神奇動力中。

觀照的藝術

在照顧悲傷者的過程中，我們必須為其建立安全且肅靜的空間，讓她能夠和緩地包容自己的失落感。所謂安全的地方，應是一個以觀照出發，並全然充滿疼惜心的所在。觀照的概念來自我們的儀式和典禮，亦即有「注意」、「保存並尊重」、「見證」等意思。照顧和關懷悲傷者是一種滋養心靈的服務，這使他們可以主動積極地進行哀悼工作。

「注意」、「保存並尊重」以及「見證」原則，都是一種與案主同在的藝術，跟他們一起接納所面臨的事件，不逃避。當我們能夠「注意」時，就能面對受苦者，並邀請她的經驗進入我們心中。有了這肅靜的空間，就不會令苦難中的人走開；相反的，它經常能夠在通往療癒的路途上自然而然地增強當事人的感受。我們無法治療人們的悲傷經驗，但可以為哀悼者建立一個自由而開放的空間。我們有兩種選擇：逃離悲傷和失落，或是面對它們，而真正的陪伴者會很有自覺地選擇後者。

為協助各位有自覺地面對悲傷與失落，並將理念轉換成實務工作，我將在此討論一些「箴言」，這些都是案主曾經教會我的東西。基本上，以下內容正是我一路行來所認同的。身為陪伴者，陪伴經驗豐厚了我們的能力，因此對於當事人的苦難，更應該能夠好好地關注它、保存它、尊重它並且見證它。

「精神層面的理解需要透過特別的空寂感、高明的無知態度、加強遺忘的本領以忘記自己所擁有的知識，並放棄想要了解的需求。」

——湯瑪斯・摩爾

這些箴言分為五個章節來闡述，首先各位將閱讀到一些對於悲傷和哀悼的迷思所做的簡短討論，在疼惜並照顧悲傷者的同時，我們需要了解這些迷思。其次，本書將要求各位思考，有哪些獨特的事物會對哀悼者進入悲傷旅程造成影響。

這些基本的討論可為每一位案主對死亡與失落反應而產生的「為什

麼」，提供深思與洞察；也提出一些重要問題，各位可以問問從案主身上所學習到的，對自己有些什麼影響。然後，我們將探討許多哀悼者共通的悲傷反應，並學到一些方式用以進行以心靈為主的陪伴，且能夠回應每一位案主獨特的需求。之後，還有一章是討論我對哀悼者所感受到的六個中心需求，而針對建立親切環境讓她可以就這些需求為自己找到良方的重要性，也提出了論述。最後一章則是討論悲傷具有轉化特質的觀點。

顯然地，沒有一本書——不是這本，也不是其他任何一本——能夠告訴我們有關死亡與悲傷該知道的每一件事。事實上我們越是以為自己知道很多，或越認為自己是專家，就越可能會因自己個人的失落經驗而變得謙卑。我們對悲傷的了解可能永遠不及自己心中希望的那樣多，但若要了解我們所不知道的，就得先對其中奧祕打開心扉。

智慧弔詭的地方就在於，能夠明白我們永遠無法達到神化（或更糟的，自我神化）如悲傷輔導大師那樣的境界。進入奧妙之中，就是要向哀悼者學習，並親自體驗困惑。然而，奧妙的箴言並不提供我們確切的腳本，告訴我們照顧哀傷者時該說些什麼、做些什麼。我希望藉由對以下各箴言的探索，能夠鼓勵各位用心靈來跟自己的知能取得平衡。放開「知識讓我們學會掌控」的錯誤觀念，我們不妨盡情探索自己充滿疼惜態度的好學心，並讓哀悼者成為我們的老師，這兒沒有其他更好的途徑了。也許藉由培養人類與生俱來的能力、對悲傷的神祕性保持開放態度，我們才能夠繼續豐厚人生的每一刻。願你們在後面的書頁中找到靈感和希望。

箴言一

明白一般大眾對悲傷的迷思

「天下沒有錯誤可言，唯有一個：無法從錯誤中學習。」

——弗瑞普（Robert Fripp）

我發現對於陪伴哀悼者及其家屬的人來說，很重要的箴言之一就是對有關悲傷和哀悼的一些迷思先做個簡短的摘要。此處的內容對某些讀者來說，可能會覺得有些迷思只是基本常識，或有些都早已知曉。若果真如此，還請多原諒；但我還是決定不預設每一位讀者對這些基本訊息都已熟悉。

為悲傷的人提供以心靈為重的照顧，需要了解此處所討論的一些迷思。當閱讀這一部分的內容，發現自己心中其實也有同樣的迷思時，千萬不要自責；倒是可以把這些新看法放在心裡，當有機會接近悲傷者時，就能夠改善我們對他的照顧。

迷思 1：
悲傷和哀悼是一樣的意思

想要為陪伴的藝術提供一個基本架構，最佳起點就是對一般用語先做個簡單的分辨。然而在做這件事之前，我們需要先同意：以為有些字眼是用來表達悲傷經驗的程度，這其實是錯誤的。

像**悲傷**和**哀悼**這兩個詞，嚴格來說並非相同的事，雖然大多數人（包括心理師在內）經常會交替使用它們。不過扮演悲傷陪伴者的角色必須要知道，它們的確是有明顯的不同。我們人類，要將失落與自己的生命整合，不能只靠悲傷，而是要靠哀悼。

悲傷（grief）是因失落引起，自身所經驗到的內在思想和感受的集合體。悲傷是一種對於外在事件的內在意義。

哀悼（mourning）則是悲傷的向外表達，或所謂的「悲傷公開化」。哭泣、談論逝者、寫日記、紀念特殊日子等，只是幾個哀悼的例子。人們決定哀悼的方式受到很多因素的影響，包括個人、原生家庭、倫理和文化等背景。哀悼沒有「正確的方式」，陪伴者也總是會尊重這個事實。我們應該注意的是，所表達的哀悼行為可能並非哀傷者內心真實的感受。為何？因為如果他們不跟著家裡的規矩或社會既成的習俗來表達，便可能會遭受指責。

開啟心房、真實地為失去的生命進行哀悼，本書主題深植於此一重要性中。扮演陪伴者的協助角色，其最重要的部分就是能為喪慟者建立一個安全且肅靜的所在，讓他們能夠沒有顧慮地對外表達悲傷之情。假以時日，加上陪伴者富有疼惜心的支持，哀悼的過程就是一個將失落與生命整合的過程。

喪慟是一種因失落而引起的狀態，像是死亡事件，那有著「被撕裂」、「有特殊需求」、「被掠奪」的意味。

有趣的是，許多原住民文化確實會製作象徵著乘載他們悲傷的器皿──通常是籃子、壺或碗。他們會把這個器皿放在一邊一段時間，就是為了要把內心的悲傷帶出，融入生活中的一部分，來幫助自己進行哀悼。

對於這些文化的做法，我們還可看到另一個重點，就是他們其實是在吸收自己的悲傷。他們接納自己的悲傷，並將悲傷化整為零，一點一滴地轉換成哀悼行為，這樣可以使遺族不會因為一口氣承受了太大的悲傷而不能自已。

當死亡事件帶來失落時，若不能面對它，給予它應得的關注，悲傷就會慢慢地累積，首先是對著當事人本身發生，然後影響其周遭的人。於是被否認的悲傷就四處漫流，成為我所說的「活在悲傷的陰魂裡」（亦即重度憂鬱、身體不舒服、人際關係困難，或成癮行為等），使得失落的痛苦更加複雜化。

顯然地，喪慟、悲傷和哀悼比它們字面上的分野有更多意義存在。悲傷和哀悼是真實存在的，它們並不會只是隨著時間消失，悲傷和哀悼的經驗會經常在不熟悉的境遇中遊走，那是一個充滿著令人無法承受的痛苦和失落的狀況。然而同時，協助人們轉向他們自己的悲傷，並為此找到充分表達哀悼的大道，可以讓陪伴者發揮療癒催化劑的功能。

「我們的生活中有80%是屬於情緒，只有20%是理智的。我比較有興趣的是你的感受，而非你的想法。」

——藍茲（Frank Luntz）

迷思 2：
悲傷和哀悼有可預測的順序階段

大部分照顧者都很熟悉「悲傷階段」的概念，它所主張的階段可以讓我們對悲傷旅程有邏輯性的了解，但這些階段通常無法預測，也不是照著順序發生的。如果你曾相信每一位經歷悲傷或哀悼中的人都會走過相同階段，那麼失落經驗就好處理得多，也不會那麼神祕。但它真的是這麼簡單的一件事嗎？

悲傷的「階段論」，在 1969 年隨著伊麗莎白・庫伯勒—羅斯（Elizabeth Kübler-Ross）的重要著作 *On Death and Dying* 問世而風行起來。在此書中，庫伯勒—羅斯博士闡述了五個悲傷階段：否認、生氣、討價還價、沮喪以及接受，這是她觀察末期病人面對自己即將死亡的事實而獲得的結論。但她並無打算為她所發現的這些階段提出更進一步說明，是否必定會發生於所有的哀悼者，並具有線性發展順序的特質。然而有些照顧者卻是這麼想的，認為結論就是如此，於是許多哀悼者被認為他們應該要經歷這些階段，反而讓我們沒機會學到他們的真正經驗；顯然地，這就是一個完全與以告訴我為重的陪伴模式相反的做法。

此一迷思提醒著我們，每個人都有不一樣的哀悼方式。身為一位陪伴者，我們不可將悲傷階段套用在任何人身上，我們有義務要去熟悉「悲傷反應的不同層面」（請見箴言三），在面對不可知的旅途中學習成為一位有回應能力的見證者。

「我們需要找到方法來去除所學習到的事情，那些東西會阻礙我們接收更深層的真理。」
——湯瑪斯・摩爾

陪伴模式一個很重要的前提是，每一個人的悲傷都是獨一無二的，而「獨一無二」一詞其實就是「唯一」的意思。將悲傷與生命整合為一體的中心要素就是一個真理：每個人所經歷的思想和感受都必須受到尊重，應被視為獨特而不可或缺的本質。

迷思 3：
我們應該避免悲傷經驗中的痛苦感受

正如本書第一部從頭到尾不斷提到的，我們的社會經常貿然地鼓勵人們遠離悲傷，而非面對它。這造成許多喪慟者不是處於暗自悲傷、自我舔舐傷痛的情境中，就是必須逃避自己的悲傷感受。透過自己內在無意識的錯誤做法，有太多人將悲傷視為需要克服的東西，而非需要去體驗的歷程。當人們處於悲傷而無法哀悼、無法自我舔舐傷痛，或無法逃離悲傷感受的情境時，他們就會極度地避免走向與死亡和解之路。

扮演陪伴者的角色是協助他人敬重他們因失落而帶來的痛苦，這當中有許多做法對某些人來說可能很陌生。敬重就是看到其中的價值所在，並能夠尊重它。在一個傾向於避免哀悼的文化環境中，這不會是人們直覺的選擇，覺得有必要公開哀悼，還能受到敬重；然而愛的力量就是需要能夠哀悼。敬重別人的悲傷並不會摧毀自我，也無害於當事人，那是一種自我支持，給予生命力的做法。

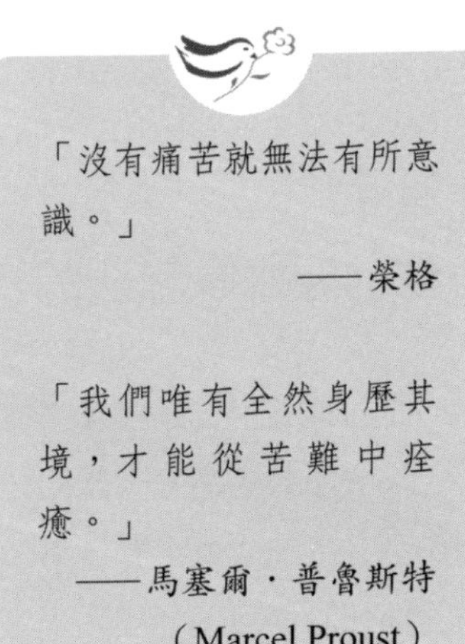

悲傷的痛楚將不斷挑戰，讓當事人意識到這個悲傷，直到她有勇氣慢慢並微微地開啟心房面對它的存在；而相反的做法——遠躲悲傷的痛楚——其實更令人痛苦難耐。經過與無

數悲傷者同行，並從他們身上以及自己的失落經驗中所學習到的是，將悲傷的心封閉起來的痛苦，就是與自己對抗的生存之苦、是對失落會造成改變的否認之苦、是孤單與被隔絕的感受之苦——亦即無法公開哀悼、無法再愛周遭的人，並且被愛。

身為一位陪伴者，我們應致力於建造一塊肅靜之地，向失落的事實打開心扉，而非配合那些認為封閉痛苦感受才是正確做法的人。正如古代希伯來哲人所述：「如果你想要真正地活過，就一定要期待會有苦難。」弔詭的是，只要我們「見證」了失落所帶來的痛苦，就能夠協助哀悼者（一點一滴）面對她受傷的心，並讓自己專注在真實的哀悼裡。因為我們的願意與她「同在」，就幫她找到了通往悲傷的荒蕪之境的門路，同時還看到那些需要療癒的角落，並給予關注。

警語：並非我們身邊每個人都了解「向失落的事實打開心房」的意思。許多圍繞著悲傷「管理」的技巧都忘了，哀悼者總是要在說「再見」之前先說「嗨」；因此，記得要做個「負責任的顛覆者」，並了解，能使哀悼者有效轉化痛苦之前，先行認可痛苦的存在，這才是身為助人者角色的價值所在。

迷思 4：悲傷的淚水是軟弱的表現

你可能會發現許多哀悼者都有把此一迷思內化的風險，就在最近，我這裡的社區報刊載的一則訃聞就彰顯了這個迷思。內容是說一位先生在生前成就了許多事，結交了許多朋友，並影響了無數人的生活，他死於癌症，享年六十多歲。訃聞的最後，是邀請讀者參加他的告別式，並提醒大家帶著對他的懷念與故事去參加，但是不要**淚水**。

「淚水是莊嚴的，它們不是軟弱的表現，而是力量的表達。它們比一萬支舌頭更能有所表達，它們是排山倒海的悲傷和無聲的愛的傳信者。」

——華盛頓·歐文

（Washington Irving）

除了這個例子，我的「失落與生命轉化中心」也常有人前來，當他們開始敘說自己的故事時，自然是淚水盈眶，但幾乎沒有例外，他們都會為自己的哭泣而道歉。我的想法當然是，如果你在這個失落中心不能哭的話，還有什麼地方可以讓你哭？

很顯然，當我們身處助人者角色，發現案主有這個內化的迷思時，其中一個需要努力的部分，就是支持她的需求，給予一些溫和的教導，讓她知道流淚是哀悼工作中很好的表達。我們可以協助她了解到，別人對她的指示，例如「眼淚是不能把他喚回的」，或「他不會希望你哭成這樣」，雖然通常都是出於好意，但卻是錯誤的訊息。 相反地，我們可以協助當事人確認，哭是一種釋放身體內在壓力的自然法則，並可以表達出她有被撫慰的需求。

身為一位陪伴者，我們也需要明白，壓抑藉由淚水所能表達的需求，將增加罹患多重壓力相關疾患的風險。仔細想想，這是很有道理的。哭是一種排泄過程，也許就像排汗和呼氣一樣，哭有助於將廢棄物送出體內。

如果你的經驗跟我一樣，可能也有注意到案主哭過後，他們的樣貌會有些改變。顯然地，人們在哭過後，不只自己會覺得好些，看起來也會比較好。壓力和煩躁不安似乎都跟著流出了他們的身體。

我們的助人角色在於協助哀悼者學會自我疼惜他們的淚水，認知到真真實實大哭一場並非軟弱的表現，或有什麼不適切。事實上，能

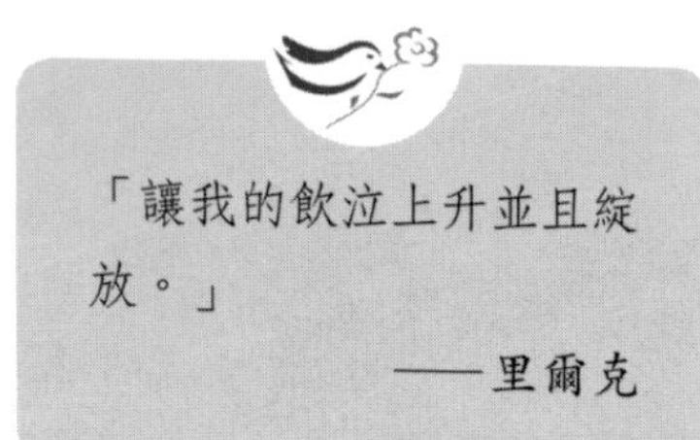

「讓我的飲泣上升並且綻放。」
——里爾克

夠用淚水表達，正是一種願意主動積極為生命失落而哀悼的徵兆。

但要記住，有些人是從來都不哭的，這也不應該被視為有什麼不好，眼淚只是許多哀悼之路的其中一條。一位心存慈悲的助人者，從來不強迫別人流淚，而是當淚水出現在哀悼者的悲傷歷程中時，能夠扮演著有回應的支持者。

另一件我所學到與淚水有關的事是，許多哀悼者在探索淚水對他們的意義時，助人者的支持態度也十分重要。當悲傷經驗逐漸釋出時，淚水的意義往往會隨之改變。在初期，哀傷的眼淚可能是一種因失落而起的急性痛苦表達；而有的時候，淚水可能是一種因為接受了自己對死者的回憶，而產生的喜悅的表達。

陪伴者應克制自己直接解讀當事人淚水意涵的衝動，但我們可以建立一個沉默的、適合個人深思的，以及具有支持感的空間，靜靜地鼓勵案主為她自己的流淚進行解讀，並尋求意義。在安全的助人關係中以淚水表達情緒，可以使哀悼者感受到外界的支持，並達到能夠自我疼惜的目的——而這經驗也是陪伴者身為協助角色的工作重心。

迷思 5：心煩意亂和公然哀悼，表示哀悼者的信仰「薄弱」

對某些人來說，信仰上帝及永生似乎就不該公然表達悲傷，於是他們會壓抑、禁止或否認與失落有關的想法和感受，而不表達出來。

要多注意這些人，他們會說，虔誠的信仰和公然哀悼是互不相稱的，這已是他們根深蒂固的信念。諮商專業學者蘇藍德（R. Scott Sullender）對此現象提出了以下的見解：「我們習於認為，如果自己夠虔誠，就不應存疑……有些哀傷者習於認為，如果他們夠虔誠，就不會感到憂傷。這些『習於認為』的想法無濟於事。」他又表示：「信仰是對新的明天抱有希望，而非針對個人此時此刻的憂傷。」是的，希望是盼望尚未發生的好事，這並不表示我們可以對憂傷、痛苦和受難的事實繞道而行。

「信仰並非碉堡，我們不要將自己關在其中。隨著個人的成長，我的信仰變得更為真誠，但這並非易事。在追尋的過程中要有信仰，而失落則是一個讓我們建造更深、更穩固信仰的平臺。」

——猶太教祭司華而普（David Wolpe）

當案主掙扎於虔誠與悲傷的疑惑中時，她教會我們，溫暖的支持才是她所需要的。鼓勵並積極邀請當事人告訴我們，他們在此失落事件中對於信仰／靈性的看法，通常可建立起肅靜的空間，用以探索這個心路歷程中的各種議題。

當時機和步調都合宜時（即他們開始向你釋放出訊息，顯示想要探索這一類問題，並覺得跟你一起這麼做感到安全的時候），就可鼓勵案主告訴你下面這些事：

- 她個人的信仰／靈性史
- 她對於自己的信仰／靈性感到安逸嗎？
- 有沒有什麼使她跟她的信仰／靈性產生衝突的地方？
- 她在自己的宗教信仰、靈性或生命哲理中看到什麼意義或價值？
- 對於悲傷的表達或壓抑，她覺得在信仰的意義上代表了什麼樣的訊息？

- 目前她會覺得用什麼方式來表達自己的信仰／靈性是有意義的？

作為一位陪伴者，與案主同在一起，意味著願意讓他們告訴我們有關信仰／靈性是如何地影響著悲傷經驗。在我的經驗裡，能夠和她一起走到悲傷旅程的這一關，就算是一種榮幸和特權了。

迷思 6：當有人往生時，哀悼者只是因為失去逝者而悲傷哀悼

當有人往生了，哀悼者不只經驗到失去逝者的實體而已，身為照顧者的我們，有義務要尊重到多方面如漣漪般的失落效果對哀傷者的衝擊。他們可能會有的失落摘要如後，當然，這份摘要並非囊括所有可能，也不排除其他狀況。

自我的失落

- 自己（「我覺得他死後，我的一部分也跟著死了。」）
- 身分（案主將重新思考自己原來身為丈夫或妻子、母親或父親、兒子或女兒、最要好的朋友等角色。）
- 自信（有些悲傷者會感到低自尊。顯然，他所失去的這個人，在生活中能使他有信心。）
- 健康（哀悼所產生的生理上的徵狀）
- 性格（「我覺得不再是原來的自己了……」）

安全感的失落

- 情緒的安全感（失去了情緒支持的來源，造成情緒大亂。）
- 人身的安全感（哀悼者對於居住的環境，可能會覺得不再像以前那麼的安全。）
- 經濟上的安全感（哀悼者可能會擔心財務問題，或得要學習處理財務，這是他們以前不曾接觸的事情。）
- 生活方式（哀悼者覺得生活方式跟以前不同了。）

意義的失落

- 目標和夢想（對未來的希望和夢想可能因此而破碎。）
- 信念（哀悼者時常質疑自己的信念。）
- 活下去的意志／渴望（哀悼者時常會對未來生活的意義產生疑問。他們會問：「活下去是為了什麼……？」）
- 樂趣（生活裡最珍貴的情感、快樂都因我們所愛的人的逝去而捐棄了。）

保持敏銳度，並對探索各種二度失落的需求有所回應，就有很多機會可以主動同理到我們的案主。

迷思 7：
遇到假日、紀念日和生日時，哀悼者應該試著不要去想到死者

這跟另一迷思，認為遠離悲傷哀悼比面對它比較好的想法有密切關係。哀悼者時常會發現每當假日、紀念日、生日和其他特殊日子

時，心中便會情不自禁地想到逝者的種種。顯然，這些特殊時刻的感傷是人之常情，即使逝者已經離世很久，也還是會有泉湧般的悲傷滿溢出來。

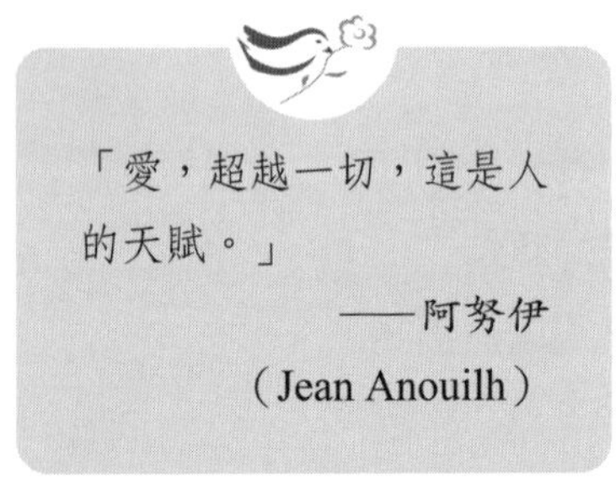

「愛，超越一切，這是人的天賦。」

——阿努伊（Jean Anouilh）

我們也會發現有的哀悼者用理性而邏輯的想法認為，如果在這些日子，他們可以避免、不去想到死者，就可以躲掉一些失落的痛苦；然而身為陪伴者的我們知道，心靈的痛若沒有釋放，它就會沒有地方去。就像籠子裡的野獸，來回走著、伺機而動，起先會耐著性子，稍後就會緊急迫切地爆發出來。

當這些時日來臨，我們的陪伴角色便是協助哀悼者敬重或關心自己可能不自覺浮出檯面的感覺，而非幫助她去否認或抑制悲傷的感受。許多人都喜歡有人能幫他們想出逝者也會喜歡的紀念方式，我們就可以協助案主找到有創意的做法，來對死者表達愛意或進行追思。我們也可以鼓勵哀悼者跟他們覺得安全並可得到慰藉的人結伴，一起度過這些日子。

迷思 8：
哀悼者應該盡可能快速「跨越」悲傷

如果你信服陪伴的藝術，可能就跟我一樣，相信助人者的角色並非在於幫助他人「克服」悲傷；不過你可能會發現許多哀悼者倒是早已受到這個迷思的感染，而且都內化了。

對於這個迷思，在某種程度上，我們身為助人者，可以試著去了解她的個人經驗，讓案主從簡化的思考模式中獲得釋放。假若她身邊有人問「你還沒走出來啊？」之類的問題，或更糟的是，跟她說她應該要「走出來」，這當然就是一種挑戰了。不幸地，在避免哀悼的文化中，大多數哀悼者都會直接或間接地聽到這一類的訊息。

身為一位陪伴者，我們確實可以幫助身邊的同伴將失落與生命整合，最後達成與自己的存在交織為一體的個體。這整個概念將會在第 199 頁的箴言五做更多討論。

在此僅就此一迷思來說，協助者的角色並非幫案主跨越悲傷，而是扎根於為他們建立安全且肅靜的地方，然後積極主動地觀察並看到他們是如何地轉化，產生出願意「和解」的神奇動力，而非「解決」悲傷。

迷思 9：
沒有人能夠幫助哀悼者走過悲傷／哀悼的旅程

我們會發現，有些哀悼者訴苦說沒人可以幫得了他們的哀傷處境，他們在尋求或接受他人支持的議題上時常困難重重。也許是因為這些人常常帶著兒時所受的教誨：「如果你希望把一件事做好，就自己動手。」然而，在實際情境中，人們能為自己做的、最慈悲的事就是伸出手向外求援。

「他是你真正的朋友，將依你的需求幫助你：你若憂傷，他就流淚；你若軟弱，他就失眠；於是內心的每一股悲傷，他都跟你一同承擔……」

——巴恩菲爾德（Richard Barnfield）

當然，與他人分享失落的痛苦並不會使痛苦消失，但卻可使痛苦隨著時間讓人覺得較能夠承受。根據定義，哀悼（即悲傷公開化）需要我們從外在資源獲得支持。向外伸手求援就是使哀悼者跟他人有所連結，並可加強愛的結合力，這是使人們覺得值得活下去的力量；而社會支持則是一種最重要的影響，它讓哀慟的人有能力將失落與生命整合。

在這個迷思上，我們的陪伴角色可以鼓勵當事人注意到運用外在支持系統的重要性。當發現有支持系統不存在的地方，我們就扮演擁護此需求的角色，以建立支持系統。首先要做的便是協助案主了解到，向外尋求協助並不是軟弱的象徵，而是一種自我疼惜的行為，這樣的自我照顧是人人都該有的。

迷思 10：當悲傷和哀悼終於和解，它們就再也不會出現了

「生命是永恆的，愛是不朽的，死亡是唯一的界線；而這界線除了阻礙我們的視野外，它什麼都不是。」

——雷蒙（Rossiter Worthington Raymond）

哀悼者可能希望悲傷歷程最後會斷斷續續地走向尾聲，這想法還算合理。但通常經驗會告訴他們，不會有這種奇蹟出現的一天，在早上醒來便發現不再想起珍愛的（或與之關係緊張的）逝者。

有時，還是會有排山倒海的悲傷來襲——甚至在死亡事件發生後多年。這些狀況好似憑空冒出來的，令人驚嚇又痛苦。哀傷就像海洋裡的波

浪，潮進潮退，有時當事人毫無防備，就有巨浪掀起，把她的雙腳拖倒，跌個踉蹌。有時，只是簡單的小事情，一個聲音、一種氣味或一幕畫面就踩到了「悲傷的地雷」（griefbursts）。

我們的陪伴角色是協助案主經歷悲傷旅途中的低潮和暗流，無論在什麼地方或什麼時間發生，都不覺得害羞或對自己有所評斷。未來當案主遇到他人，或甚至陌生人時，可能會有一些突發的「悲傷地雷」，此時可事先為他們提供一些因應措施，幫助他們找出身邊可以共同談論這些悲傷地雷的人，又有哪些人是不適合與之分享的。

我們可以協助哀悼者了解，在他們未來的生命中，都會對生命的失落感到悲傷，這是正常且適切的反應。它不會占據他們的整個生活（如果他們找到適切的對象和地方進行真正的哀悼的話），但悲傷會一直在那裡，在生命的底層，提醒著哀悼者，他們與逝者曾經有過的關係。

以上所摘要整理的迷思當然不夠完備，但它們是一些較為常見的、被內化的迷思，這是我從哀傷者身上學到的。總而言之，我們的助人者角色在這一章「箴言」中的重點就是，要以具有支持性的態度來驅散這些迷思，也就是協助案主在這哀悼根本是個挑戰的文化中，產生出神奇的動力來進行真正的哀悼。

箴言二

考量哀悼者進入獨特悲傷旅程的影響因素

在生活上，哀悼者必然會失去愛和被愛的能力。然而，沒有任何兩個人的悲傷旅程會是一樣的，就好比人們的死法不盡相同，人們悲傷和哀悼的方式也不一樣。

這個重要的箴言提醒著我們，身為一位陪伴者必須要做見證，讓哀悼者告訴我們，他之所以哀傷的獨特理由是什麼——也就是因個人獨特經驗所衍生的「為什麼」。以下所整理的概要，便是介紹一些會影響個人獨特反應的因素。

在此所介紹的這些因素，並非必然因素，但留意到它們可能存在，就加強了我們同理支持案主的能力。每一因素之後所提出的問題，可做為我們陪伴者進入助人關係時，放在心中自問的提醒。

影響 1：當事人與逝者關係的特質

不同的人對於同一失落的反應，都有他們獨特的地方，這就關乎當事人與死者生前的關係。例如，當死者是父母親，經觀察卻會發現，來自同一家庭的成年子女，他們所表現出的悲傷反應，經常是完

「許多人想要跟你一起乘坐加長型轎車，但你所想要的，是那種若是轎車壞了，他會陪你一起搭公車的人。」
——歐普拉．溫芙瑞（Oprah Winfrey）

全不同的。每一位子女的悲傷，都受到他們早年依附關係，以及此關係在他們生活中所扮演之功能的影響。顯然，身為陪伴者，我們應支持並鼓勵案主來告訴我們，根基在這獨一無二的關係中，失落事件的獨特意義會是什麼。

有些人可能向我們透露，他們需要為關係中長久渴望卻從未感受到的經驗而哀悼。有的人則可能向我們表示，關係中有強烈的矛盾情結，好比深愛的人做出令他們怨恨的行為；我們時常會在逝者生前苦於藥物成癮的案件裡，看到這種狀況。這一類的遺族，在悲傷旅途中的痛苦掙扎是意料中的，此時的關鍵做法就要從哀悼者的角度來回顧這段關係的失落，並確認我們不會預設立場。

關於陪伴工作自問：

- 當事人與逝者的關係有什麼特質？
- 逝者在案主的生命裡扮演了什麼角色？
- 這段關係的依附程度如何？
- 這關係裡是否有許多矛盾情結？若果真如此，其最根本的矛盾之處在哪裡？

影響 2：
死亡事件的詳情

死亡事件發生時的狀況會為遺族的悲傷旅程帶來重大影響，我們身為陪伴者，對於事件發生的詳情需注意到的部分包括：逝者的年齡、是否為意外死亡，或死亡事件發生時，是否有任何被認為是可以預防的情形。

逝者的年齡很自然地牽涉到人們對死亡事件的「接受度」，進而是否能夠整合此失落事件。像是年長親屬活到很長壽而離世，跟人生才剛要開始的孩子的死亡就有很大差別。此外，在我們的世界觀裡總認為，順序上理應黑髮人送白髮人，因此孩子的死亡就違反了我們對生命發展所認同的自然法則。另一個因年齡而受影響的死亡事例則是，被認為正值人生黃金期的四十多歲人口的死亡事件。

許多研究顯示，若事先已預期到死亡事件將發生的事實，有助於哀悼者將此失落與生命整合；反過來說，意外、非預期的失落則使哀傷者沒有機會在認知、情感或精神上有所準備。事實上，當事人還沒準備好哀悼就要開始面對悲傷了。

致一位早逝的運動員

當你代表本城贏得比賽，
我們簇擁你走過鬧市；
大人小孩夾道歡呼，
我們把你高舉，送你回家。
如今啊，在人潮熙攘的路上，
又將你高舉，讓我們送你回老家，
把你放在紀錄保持的頂端，
你是寧靜之城的居民。

——郝斯門（A.E. Houseman）

身為陪伴者，我們必須十分了解，即使事先已經預期到死亡會發生，也並不表示遺族的悲傷會因此而減少一些；但這確實可以給家屬一些時間，對最終死亡的事實做好心理準備。而且要記得，從許多哀悼者身上學到的教誨：「即使你自己認為已經為死亡做好了準備，但其實並沒有。」在腦子裡認為你已經有所準備（認知經驗），相對於心理上實際經歷了死亡事件（情感和精神層面的經驗），經常是有所不同的。

有些人以為他們應該可以防止死亡事件的發生，這種想法若反覆在腦中徘徊，複雜的悲傷歷程便油然發生。儘管哀悼者針對所愛的人的死亡去探索他們自己是否有錯，這是人之常情，但有些人卻會長期而持續地譴責自己。

雖然隨著時間變化，案主可能產生不太實際的感受，認為當時情形似乎可以預防；但我們也會發現，有些人的作為確實對死亡事件產生影響。例如，那個為大夥兒做決定的人說：「我們打算留下來，度過這場風災」，然而若是所愛的人在暴風雨中喪生，他自然會覺得自己該為這事扛起責任。我也遇到過許多因為開車時打瞌睡而肇禍，造成乘客死亡的案例，也有同樣情形。

死亡事件的詳情也包括死亡的方式，例如自殺、凶殺或愛滋病，對悲傷歷程都會有所影響。每一種形式的死亡皆有其特殊之處，是我們身為陪伴者需要十分熟悉的，如此才能對哀悼者的需求提供同理回應。

「自責可能是死亡最痛苦的伴行者。」
——香奈兒（Coco Chanel）

在這交通十分發達的文化中，不斷增加的事實就是，許多受到死亡事件衝擊的人都與發生地相隔很遠或被隔離，這距離感會使很多人對死亡事實的認知產生困難。

有時使死亡事件變得更為複雜的因素是，他們無法辨認屍體。同樣地，這也使人難以相信逝者已逝的事實。

顯然，跟死亡狀況相關的因素十分多樣化，這就形塑了當事人的「為什麼」反應。身為一位陪伴者，我們要扮演的角色就是慢慢地鼓勵並支持案主，讓他告訴我們有關其個人獨特的狀況，並能敏銳地同理回應他。

關於陪伴工作自問：

- 死亡事件發生時周遭的狀況如何？
- 逝者的年齡幾歲？
- 遺族對死亡事件適時性的看法如何？
- 死亡事件是早已預料的，還是意外無預警的？
- 案主是否一直認為自己對防止這起死亡事件有責任？
- 死亡的形式是哪一種？這種死亡形式有什麼相關的特質？
- 是否有什麼與死亡事件相關的事被孤立隔離或避而不談？
- 遺體是否可辨認？遺族是否能夠花些時間與遺體相處？
- 對於這起死亡事件的特殊狀況，還有什麼因素需要考量？

影響 3：
支持系統的存在：包括支持系統對哀悼者的鼓舞，以及哀悼者尋求及接受支持的能力

哀悼的正確定義——一種回應失落的社會性分享——傳達了支持系統在悲傷中的重要性。身為一位陪伴者，我們需要慢慢地鼓勵哀悼

者來告訴我們，在有關支持系統各方面的影響力。

首先，需了解案主是否得到支持；同時，理智上和情感上都要謹記心中的是，並非每個人都能有支持，缺乏一致性、富有疼惜心的支持系統，便會造成複雜的哀悼經驗。要把失落與一個人的生命整合起來，需要心懷希望的人給予其同理支持。我們助人者的一部分角色就在於創造那個神奇動力，協助案主啟動他生命中有效的支持系統。

我們有時看到案主的確是有支持系統，但經過一段時間後便發現，支持系統的氛圍其實不怎麼有耐性，充其量只是憐憫和泛泛的支持。像家人、朋友、宗教社群或其他團體的人，他們有時可能甚至無法認可悲傷歷程中的種種感受。我們也會看到，假若其間還有汙名化的情形出現在死亡事件（例如自殺、凶殺、愛滋病等），哀悼者就更不容易獲得支持了。

三分之一定律

一般來說，我發現我們可以把生命中所遇到的人分成三份，來看他們對悲傷的支持態度。其中三分之一對悲傷的反應較為中立，他們不會對悲傷者主動提出協助，也不會阻礙他人的悲傷歷程；另三分之一則對那些致力於哀悼療癒的人是有害的；而最後三分之一是真正能夠同理的助人者，他們會在悲傷的旅途上成為很好的伴行者。

我們也可能發現有些人早在悲傷歷程之初就獲得支持，但這支持卻在數週、數月或數年後很快消失殆盡。然而，要使失落產生整合效應，支持系統必須一直存在，並在哀傷歷程逐漸展開時能夠發揮效用。北美洲短暫的速食社交模式造成對悲傷過於直線式思考的理解，有時要使支持系統能夠持續存在，實在很困難。

有些人的確有支持系統，但卻無法發揮作用。因為有的人會認為，若接受了別人的幫助，就是「軟弱」的象徵。這現象通常可追溯至他們的原生家庭，在成長過程中，他們接收的教誨是「你自己做」或「如果你希望把一件事做好，就自己動手」。這些人可能因而過度孤立自己，並持續出現難以接受他人協助的困境。

相反地，我們也會遇到某些人非常善於尋求並接受支持。他們似乎了解，臣服於此一事實是值得的，那就是哀悼並非個人能夠獨自完成的事實。他們時常向外尋求的不只是個人和團體的支持，也會試著閱讀跟悲傷以及失落整合相關的資源、訊息。顯然地，這些人能夠開啟胸懷迎接你在協助關係中的努力，就也可能十分放得開，能夠向你表達感激之情。

關於陪伴工作自問：

- 哀悼者是否有支持系統？
- 他們所認為的支持系統是否能認同悲傷歷程中的感受？
- 死亡事件是否受任何汙名化事件圍繞，使得哀悼者不易獲得支持？
- 支持系統是否廣泛存在？
- 是否有人對哀悼者表現不耐煩？
- 哀悼者是否願意並能夠接受支持？
- 原生家庭是否有任何關於尋求和接受支持的觀念想法，使得哀悼者受到正面或負面的影響？
- 哀悼者對你個人所提供的支持如何回應？

影響 4：
哀傷者獨特的性格

「到最後，每個人都非常了解，自己是獨一無二的人，在這地球上只活一次；而且在這大千世界中，像他這麼不可思議的美好成員，再沒有其他可能發生第二次。」

——尼采
（Friedrich Nietzche）

正如每一個人都有其獨特的性格，悲傷反應也是這樣。以往世人對於他人的失落反應，多多少少是根據人們對於所愛之人的死會有什麼反應而做預設，再給予回應。

如果哀傷者曾經有逃避危機的經驗，她現在就可能做同樣的事。但如果她總是面對挑戰，並能敞開心房表達想法和感覺，她就可能在此情境以同樣方式面對。

無論哀悼者的性格如何，可確認的是，都會在悲傷經驗中反映出來。如先前所言，在支持系統的影響下，那些以前顯示有能力尋求支援的人，經常就會自己去找支持。相反地，一些曾經對尋求支援有困難的人，現在便可能會採取同樣的行為模式，無法利用資源。經常在像悲傷這樣的壓力狀態下，一個人的基本性格便突顯了出來。

其他性格因素像是自尊、價值觀、信念以及需求等等，也會很自然地影響到一個人對死亡事件的反應。當我們陪伴哀悼者時，就會漸漸知道她的性格，了解她是如何看自己的世界，又是如何與其所處的世界做連結。保持著耐心陪伴，案主會讓我們知道，在回應死亡事件上，她的性格如何扮演著主要的影響力。

與哀悼者性格相關而可能造成複雜悲傷歷程的情形，在此敘述如下，但並不僅限於這些描述：

- 曾受憂鬱或焦慮相關病史的折磨。
- 平常曾有難以面對情緒感受的狀況，尤其是憂傷和失落的感覺。
- 曾有生氣、罪惡或其他情緒的情感性疾患，可能會成為悲傷經驗中的一個重要因素。
- 對於過去的失落經驗，有無法和解的想法和感覺（換句話說，就是他們對於過去的失落，仍處於悲傷中，卻還沒有機會進行哀悼）。

顯然，案主不自覺地會將其個性帶進失落經驗，而這對人們如何走過個人獨特的悲傷歷程，是個很具影響力的因素。因此，我們身為助人者，對於人們面臨悲傷和失落將會如何反應，在做推測時應該十分謹慎。

關於陪伴工作自問：

- 此人對於先前生命中的失落是如何回應的？
- 從先前的失落中，顯示出他有什麼樣的性格？
- 此人的性格如何影響他對支持系統的運用？
- 像自尊、價值觀、信念和需求等因素如何影響他對死亡事件的反應？
- 有沒有觀察到任何與哀悼者性格相關，可能造成複雜性悲傷的情形？若有的話，那會是什麼？
- 此人有什麼樣的性格會對其在悲傷歷程中有正面影響？

影響 5：
死者獨特的性格

正如哀悼者在悲傷經驗中會反映出其獨特的人格特質，逝者的獨特性格也會因此反映出來。當我們跟著案主學習，便有機會洞悉逝者是個什麼樣的人。在我思索著逝者的人生時，會想到這就是他們為案主所帶來的「人生之舞」。哀悼者所失去的一大部分，往往正是逝者生前帶進這人生之舞的東西。

身為一位陪伴者，我們不妨用自己悲憫的好學心來探索像下面這些問題：

- 逝者在案主的生活中扮演了些什麼角色？
- 逝者是否是個容易付出愛的人？
- 逝者是否是個容易共同生活的人？
- 有沒有什麼關於死者的事物，是案主不會去想念的？

是否需要為關係裡所缺乏的什麼東西進行哀悼（好比說，無條件的愛）？有些哀悼者可能會告訴我們，他們希望可以改變死者的某些人格特質，而這人現在走了，終於知道一心期望的事不可能會發生。

「她死後我才開始去看她生前的種種，這比較不像失去了一個人，而是發現了一個人。」
——海莉（Nancy Halle）

哀悼者也可能表達另一種需求，想要探索對逝者的模糊感受。他們會懷念這個人，但可能有些關於此人的事物並不喜歡。例如一位酒癮者的死亡，案主可能會想念死者，但卻對不用再忍受他的行為而感到解脫。若有一位不做評斷的陪伴者，能夠讓他放心表達出這種感受，其重要性可說是無價的。

有時案主會告訴我們逝者是家裡的重要人物，或安定劑，他會設法「把家人凝聚在一起」，現在沒有了這股安定力量，家人一起經歷這失落事件的「餘波」時，便是他們過去未曾有過的經驗。

大多數哀悼者都覺得，回顧死者為他們的生命帶來什麼或未帶來什麼，是一件值得的事。我們的角色就是見證他們所說故事的力量，並且不妄做論斷。雖然我們無法改變案主因逝者性格而經驗到的種種，但可以把關注放在她所經歷到的事情上。身為一位助人者，我們可以向她確認，並協助她去了解，這個失落在她生命中的意義所在。

關於陪伴工作自問：

- 逝者的性格是怎樣的？
- 逝者在哀悼者的生命中扮演些什麼角色？
- 哀悼者對於逝者，最懷念的是什麼？
- 哀悼者對於逝者，最不懷念的是什麼？
- 對逝者是否有任何模糊的感受？若有，會是什麼，又如何影響著案主對此失落的反應？
- 逝者是否為案主生命中之重要成員，或具有穩定作用？若是，這些事實將如何影響案主的哀傷歷程？

影響 6：
哀悼者的倫理／文化背景

哀悼者將如何經驗和表達悲傷，他的倫理／文化背景是很重要的一環。眾所周知，在不同文化中，人們會用不同的方式表達或壓抑他們的悲傷。身為一位陪伴者，我們必須要有足夠的敏感度和意願，讓當事人告訴我們有關他們個人對失落的回應，是如何與每一獨特文化的常態相結合。

文化包括價值觀、規範、信念和傳統，這些導引著哀悼者的影響因素，通常是一代一代傳下來的，並在我們家園所在的各個國家或區域裡形塑而成。

人們現今所居住的世界，其實是個如馬賽克般的世界，由來自各種族群與文化背景的人鑲嵌而成。身為陪伴者的我們，有責任帶著不評斷和放開心胸的意願去學習多元道德與文化的種種，並了解這些因素會如何影響獨特的悲傷經驗。我們也應該好好回顧一下自己的背景，且確定不會將自己的經驗投射在別人身上。例如，有的人可能來自某種文化背景，是十分能夠表達情感的環境，而現在所陪伴的案主卻有著東歐國家的民族性，就算不是克己主義者，其在情感的表達上也還是會比較傾向沉默。

享受跟來自不同背景者學習的樂趣，對那些文化避免過度概化，並且保持耐性，讓每一案主個別地豐厚我們，好讓我們在她獨特的悲傷歷程中給予支持。

關於陪伴工作自問：

- 哀悼者的倫理／文化背景為何？
- 這樣的背景對悲傷表達或壓抑有什麼影響？
- 在這種倫理／文化背景之中，典禮儀式對案主的意義為何？
- 這位案主的倫理／文化背景跟我的有何相似或不同之處？
- 在陪伴這位案主時，我心中應該保持什麼樣的敏感度？

● 我還需要做更多探究，好讓我對這位哀悼者的倫理／文化背景有更清楚的了解嗎？

影響 7：哀悼者的宗教／靈性／生命哲理之背景

哀悼者的個人信仰系統對其悲傷歷程有重大影響，有些人發現他們對宗教、靈性或生命哲理因著死亡事件的發生而更加深信、或更新了、或改變了，許多之前早有疑惑的信念，如今自然成為哀悼工作的一部分。身為陪伴者的我們所扮演的角色，就是建立一個自由而開放的空間，案主在此才能夠教導我們，她的宗教、靈性和生命哲理是如何受到死亡事件的衝擊。

有的人會告訴我們，他們覺得十分接近上帝、神力或造物者；而其他人則覺得遠離了神，甚至感到敵意。當案主問及「為什麼發生在我身上？」或「我繼續活下去的意義是什麼？」這類問題時，我們必須保持支持的態度來見證她的疑惑。「信仰」一詞就是，相信一些無法證明的事。對某些人來說，信仰就是相信並遵守一套宗教規則；對另一些人而言，信仰就是相信上帝、神蹟，或超越我們所能的力量。把握正確的時機，溫和地鼓勵案主告訴我們，她所定義的信仰是什麼，又是如何受到這次的失落所影響？

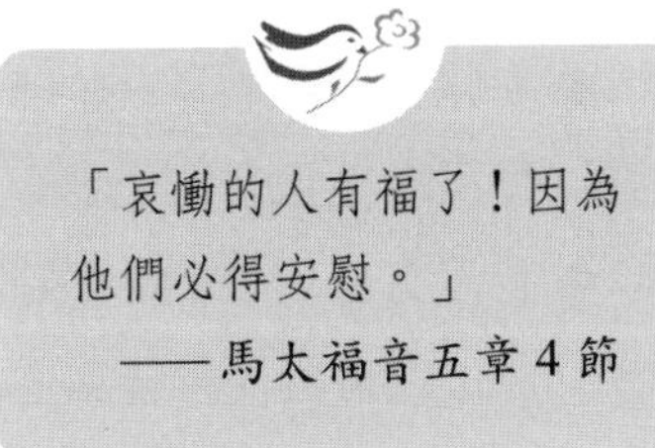

對有些人來說，宗教社群是他們支持系統的主要來源，有些宗教社群設有外展牧師，可進行社區照護，提供個人和團體的支持活動。若這些支持對哀悼者有幫助的話，我們陪伴者

的角色就是鼓勵她去尋求和接受這些人的幫助。若案主希望從宗教社群獲得支持，但卻又找不到時，她便可能因這個失落而表達出悲傷，以獲得所渴望的支持。

有些哀悼者學到的教誨是，如果信仰夠虔誠，就無需哀悼。對於將此迷思內化了的人，他們將傾向於採取默默悲傷的態度，不會公開表達哀悼之情。若遇到這種情形，陪伴者所扮演的角色就是協助當事人了解到，虔誠的信仰並不妨礙哀悼的進行；反而，信仰虔誠才意味著我們有勇氣讓自己進行哀悼。有些人需要溫和的提醒：「哀慟的人有福了！因為他們必得安慰。」

哀悼工作的中心需求就是，人們在面對失落的生活之中，要為繼續活下去而「尋找意義」。當事人可能發現，自己常在重估整個人生，且思忖著如何在她生命中的某個重要他人死去後，還能繼續活下去。當她探索自己的宗教、靈性或人生價值，自問人生態度為何，以及重整生活資源時，她需要一位能夠支持她的夥伴來見證這一切。在這個過程中，我們扮演陪伴角色的人需要具有耐性、同理心和不評斷的態度。

關於陪伴工作自問：

- 哀悼者的宗教、靈性或生命哲理之背景為何？
- 案主如何形容自己跟上帝、神力或造物者的關係？
- 這位案主認為「信仰」意味著什麼？
- 哀悼者是否會尋求並接受宗教團體的支持？若如此，她會有什麼樣的經驗？
- 有沒有任何被內化的迷思，認為只要虔誠就不需哀悼？若如此，這會如何影響案主的經驗？

影響 **8**：
哀悼者的性別角色

這跟男性及女性被教育該如何表達他們的情感有關。儘管我們需要很小心地看待此一議題，但在西方文化中，很多男性都受到「要堅強」的鼓勵，並學會禁止他們自己表達痛苦感受，尤其是哀傷和失落；有些男性則是難以忍受悲傷所帶來的無助感。

相反地，女性當事人可能告訴我們，她們很難表達生氣的感覺，以及一些跟做決定有關的想法。同樣地，我們必須記住這些只是一般的刻板印象，且陪伴者角色並不是去改變男性或女性的悲傷反應，而是應該去了解它，讓哀悼的能力超越性別。我們有時太注重性別的差異，而悲傷與哀悼的能力卻嫌不足。

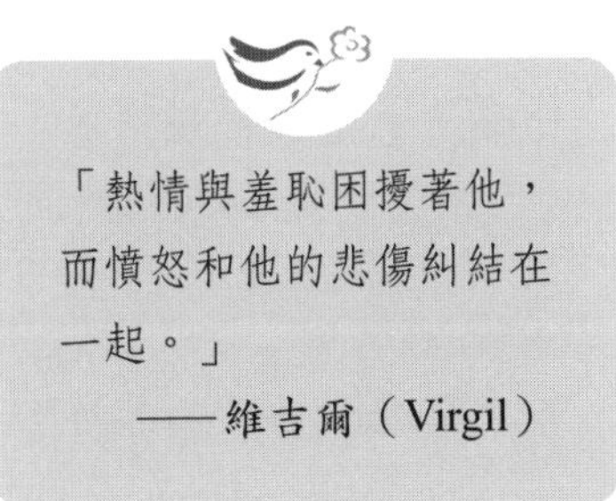

> 「熱情與羞恥困擾著他，而憤怒和他的悲傷糾結在一起。」
> ——維吉爾（Virgil）

關於陪伴工作自問：

- 案主如何以性別角色的狀態回應失落的感受？
- 案主這一代的性別角色狀態如何影響她的悲傷？（此問題結合了年齡和性別的考量。）
- 我們將如何向案主反映，在她悲傷歷程中所見證到的性別角色狀態？

影響 9：
哀悼者生活中的其他危機或壓力

此一影響是個提醒，失落事件幾乎不可能單獨發生，這位哀悼者的生活中還有其他什麼事在進行著呢？所愛的人死了，可能也帶來財務安全感的失落、長久友誼的失落，或某個社群的失落。

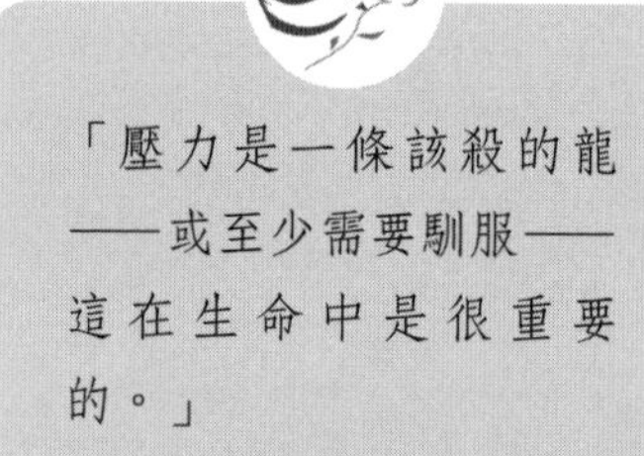

「壓力是一條該殺的龍──或至少需要馴服──這在生命中是很重要的。」

──瑪麗露‧亨納爾（Marilu Henner）

哀悼者生活中其他的人，也許有的生病了，或需要有所幫助；他也許有小孩需要照顧，或年邁的雙親可能有特殊需求。

像這些事務帶來的更多壓力，可能使得這次死亡失落事件的哀悼變得更為複雜。身為陪伴者的我們，必須對這些額外的危機或壓力保持敏感度，並協助當事人了解，這些事務是如何地使悲傷歷程的速度減慢、產生妨礙，或使其變得複雜，然而這些都是自然現象。

關於陪伴工作自問：

- 案主此時還有什麼其他的危機或壓力，正影響著他的生活？
- 這些危機或壓力是如何影響了案主的經驗？

影響 10：
哀悼者之前與死亡有關的經驗

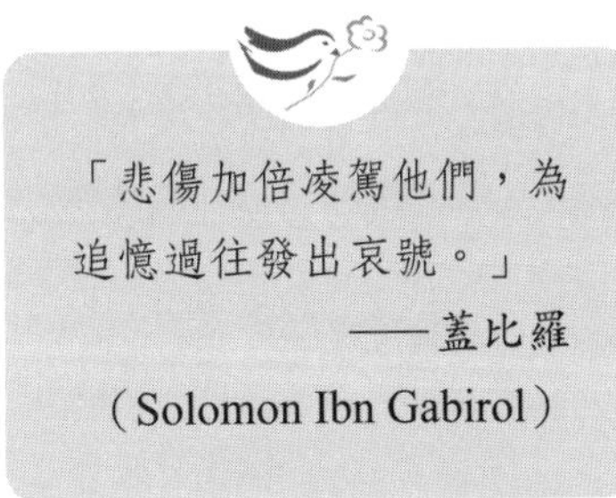

我們如今生活在一個稱為「第一個沒有死亡的世代」之中，也就是說現今的人們可能從小到大都沒有經歷過近親死亡。人們活得長壽固然很好，但許多遺族毫無心理準備就得赤裸裸地面對死亡經驗。換句話說，他們在面對悲傷和需要哀悼這些經驗上，是沒有什麼心理準備的。這種新經驗，加上事件本身通常令人驚嚇，許多人直覺的反應就是想要「逃離」。陪伴者則需了解這種直覺的存在，並協助當事人接納自己有面對失落並好好進行哀悼的需求。

相反地，有些哀悼者經歷過多的失落，他們在短期內歷經多重死亡事件，這情形會壓垮他們的因應能力，需要有受過訓練的人給予協助，提供特殊照顧。

關於陪伴工作自問：

- 案主先前有關死亡失落的經驗是什麼？
- 先前的經驗如何影響他們對悲傷的態度和行為？
- 對於陪伴「過多失落」的人，我有沒有接受過特殊的知能訓練？如果沒有，我可以把他轉介給誰以尋求協助？

影響 11：
哀悼者在儀式或喪禮中的經驗

哀悼者對於喪禮所做的決定可能有助於悲傷歷程，也可能阻礙歷程的進行。若喪禮中沒有一件事令人滿意，我們還可以設計有意義的儀式，讓遺族於死亡事件後仍能在社交、情感和靈性層面獲得療癒。

「要相信，當你最不快樂的時候，就意味著世上有些事需要你去進行。只要你能使別人苦盡甘來，此生就不曾白活。」
——海倫·凱勒

喪禮是哀悼者對此死亡事件表達感受的時機和地點，也是對死者表達敬意的時候。它將人們聚集在一起，提供大家所需的支持，認同即使面對死亡，生活也還是要繼續過下去，並加入了哀悼者在自己宗教、靈性或哲理的背景，使意義有脈絡可循。

在許多方面來說，喪禮可建立神奇動力來協助人們把悲傷轉化成哀悼。計畫良好的喪禮可以協助人們，在他們手足無措時「了解到該做什麼」。如果喪禮的原始目的是想要降低或扭轉悲傷情緒，那可能使哀悼者的療癒歷程反而變得更為複雜。

儀式的神奇力量在於它協助人們展開療癒，一個意義深重的喪禮的確會是個好的開始，而非我們之前所聽聞到的，是個「結束」或「結局」。身為陪伴者，不妨鼓勵人們來告訴我們，他所經歷的儀式對其悲傷經驗是如何有所助益，或造成阻礙。

關於陪伴工作自問：

- 案主過去對喪禮的經驗如何？
- 喪禮經驗使他學到的是表達或壓抑悲傷？
- 案主覺得喪禮在他的悲傷經驗中所扮演的角色是什麼？

影響 12：哀悼者的健康狀況

悲傷對身體的影響如同其對心靈的影響，案主的身體狀況對能否因應悲傷的需求也頗有關聯。

若哀悼者本來就身體不好，在這悲傷時刻就可能會有更多狀況。若哀悼者生病了，其身體的症狀可能比情緒上或心靈上的需求更為迫切。良好的照顧標準，應該要鼓勵當事人先去做全身健康檢查，以利陪伴者跟這位當事人都能注意到她的健康狀況。

關於陪伴工作自問：

- 案主最近是否做過健康檢查？若有，是什麼時候？
- 案主大致上的健康情形如何？
- 案主目前是否服用藥物？若有，是什麼藥？
- 照顧案主健康的主要醫生是誰？

以上所羅列的內容並不完備，但這能幫助我們了解到哀悼者獨特的悲傷經驗，時而瀏覽這些影響因素以及自問的問題，我們會發現這對陪伴工作是很有用的。

箴言三

見證悲傷反應的不同層面

「親愛的，你知道嗎？當你離去時，帶走了多少東西？曾說殘肢可以從截肢的痛楚中恢復，但是我錯了。原來竟然要經歷這麼多種的痛，只是因為它們一個一個地分著來，所以我被騙了。」

——C. S. 路易斯（C. S. Lewis）

前一個箴言強調，認知到哀悼者的悲傷反應有其獨特性是十分重要的，並說明了悲傷並不會遵循著某種時程進展，在表達上也不該因著思想、感受和行為而受限。這否決了悲傷歷程是一種每個人會依照固定模式前進的看法（例如所謂的「悲傷階段」）。

陪伴者很重要的協助工作就是見證案主可能會表達的想法、感受以及行為，然後關注他的這些體驗並走入其中，以同理心來回應，協助他把失落事件整合入那個已經永遠改變了的生命中。

接下來將介紹的是成人悲傷歷程的多面向模式，在此以下頁表格來說明，概要地提出這個模式的輪廓。請注意，這裡對悲傷大致做了三個面向的分類，稱為**逃避型—面對型—和解型**（evasion-encounter-reconciliation），並對這些悲傷歷程的內容提供更為詳細的描述。我絕不假設這些模式包括了所有悲傷歷程的種類，但的確希望它們對各位在陪伴工作中所做的努力有所幫助。

並非每個人都會經過這些歷程，他們的悲傷反應也不一定會全部都如本章所描述的那樣呈現出來，當然也不會照著這裡所整理的順序發展。有些可能是逆向進行；而毫無疑問地，有些則會重複發生。不幸的是，人們對於失落的反應，永遠都不會像書上所描述的那樣單純。各位會注意到悲傷的「層面」一詞——跟悲傷「階段」相對——

	逃避新的事實	面對新的事實	與新的事實和解
哀悼的特質	震驚 否認 麻木 不相信	瓦解、混淆、搜尋、渴求 廣泛地焦慮、恐慌、害怕 生理上的變化 爆發性的情緒 罪惡感、自責、歸咎 失落、空虛、傷心 解脫、釋放	能夠安排和計畫自己的生活，邁向未來 建立健全的新關係 能夠放開心胸接受生活中更多的改變
哀悼者的主要需求	自我保護 心理上承受震驚	經歷死亡的事實，並能夠有所表達 承受情感上的痛苦	與死者的關係從存在轉變成紀念 發展新的自我認同 將此失落與意義脈絡結合
時程（難以預測確定的時間）	數週，可能數月（不等）	好幾個月，經常是數年（不等）	沒有特定的時程
陪伴者的主要角色	表達支持的態度 協助處理日常事務	鼓勵將想法、感覺表達出來 表達安定、撫慰的態度	給予支持性的鼓勵和希望 表達理解與同在 神奇動力 不惦記結果

正是用來避免大家有悲傷歷程會照著順序發展的想法。

陪伴的藝術提醒我們，讓哀悼者自行隨意漂流比所謂的「處理」其過程更能為當事人所接受。以「親切感」與案主同在，也就是建立一個自由自在、能夠打開心房的肅靜空間，讓他可以像朋友一般地進入其中。這是陪伴者十分細緻的表現，沒有評斷來阻礙、沒有矯正或企圖改變案主的計畫，或硬性加諸的個人投射。

在佛教的傳統裡，觀世音菩薩是大慈大悲之神，祂名號的真義就是「觀察世間聲音，能聽見疾苦哀號」。與案主作伴便需要用心傾聽，不會一股腦兒地想要掌控或處理同伴的悲傷，而是與他同在。這需要十分專注，通常是在打開心房專心扮演照顧與見證者的角色時，效果最好。這麼做絕不是為了想要成為一位悲傷專家，一心只想從別人的悲傷歷程為自己獲取優越的知識而已。

陪伴者的見證工作不能分心；陪伴者需接納對方的想法與感受，不能有企圖解讀或改變對方想法和感受的衝動；陪伴者會為案主的特殊需求及相關事宜提供真正的照顧。

我們希望經歷苦難的案主在我們的陪伴下將發現，出現混淆、沮喪、焦慮和失控等狀況，都是可以被接受的。她將明白，沒有人期望她要「振作」起來或有效率地「活下去」；她知道，不會有人引用聖經的句子或陳腔濫調的哲語來勸她走出痛楚和苦難。我們希望心碎的哀悼者在這充滿無條件的愛與同理的環境裡，內心開始感到安適。她會發現眼前有一位能夠面對她陰暗處境的陪伴者，她的支離破碎在我們陪伴者的「密切關注」、「守護且敬重」以及「見證」之下得以現形，這就是悲傷的轉化歷程。

菩提心（Bodhichitta）是一個梵文，意思是「崇高或覺醒的心」。當我們懷著菩提之心時，就能讓他人的傷痛和苦難跟我們的心靈接觸，並產生疼惜心。我們不會把痛苦推開，而是打開心房讓它與我們的「感受之井」接觸。

真正的疼惜在於我們將哀悼者放在同等地位，而且從頭到尾都清楚，自己無法為他立刻解除這種傷痛和苦難。當我們不覺得自己有責任要去治療案主時，才能好好盡責地看到，並了解那個傷痛和苦難有多深。於是，當陪伴這位哀傷的夥伴時，你會心有戚戚地說：「讓我們並肩坐下，一起探索這個問題吧。當我們一起見證你的個別需求時，請讓我全然出席在你的經驗中。」這種抱著好學態度的疼惜心，能夠軟化並純淨我們的心靈，將我們帶入一個充滿無條件之愛的莊嚴所在。

陪伴者在表達憐惜且關注態度的同時，他應相信，全然進入黑暗的幽谷，可以為哀悼者開啟明燈。弔詭的是，越是進入苦難的深淵，就越能建立通往希望的道路，讓案主重新走入充滿目標的明亮生活中，我們無需急著尋求療癒良方或「解決」之道。

陪伴者要能夠處於當下，不會試著把悲傷處理掉（「拖走」），或設法要哀悼者「跨越它」。陪伴的人提供了一個空間，案主在這當中，即使是最令人無法承受的黑暗時刻也能夠被看見，並存活下來。帶著初心，且不惦記著最後結果會是什麼，陪伴者的工作就只是全心陪伴。

陪伴者了解，放掉所有想要修正事實的強烈渴求，才能釋放出自己的能力，全然出席在他人的悲傷荒漠之中。事實發現，當有人懸浮在悲傷的極大痛苦時，適切的照顧方式並非把他拉回來做好自我掌控，而是跟他一起坐在黑暗之中。這需要非常謙卑的態度——而謙卑就是接受事實，不以技巧或企圖矯正的心態因應。

討論完以上這些有關陪伴角色的基本假設後，我們也須對一般共通的悲傷反應多所熟悉，並提醒自己，以下所述的反應，也同樣受到前一章曾提及的影響因素之衝擊。

震驚／麻木／否認／不相信

震驚、麻木、否認和不相信，這些雲集而成的反應，通常是為了暫時保護哀悼者直接承受所愛之人的死亡事實而產生的自然反應。在反映此種經驗時，大多數的哀悼者會說類似的話：「我在那兒，但又好像我不在」、「這像一場惡夢」或「該做的我都有在做，但卻覺得自己不在其中」。這段期間，案主訴說自己有恍神和嚇壞了的感覺，這都是常見的。

若對於死亡事件毫無預警或來得突然，這種混合的感受當然也會升高。然而，即使我們所愛之人的死是早有意料，悲傷反應也還是會有震驚、麻木、否認和無法相信的成分在其中。

震驚和麻木使我們與死亡的事實隔離，直到我們較為能夠承受這無法令人相信的事件，震驚和麻木感才會減緩。這些情緒提供著「喘息」的功能，因我們的情緒需要時間才能趕上腦袋所接收的訊息。在某一方面，案主知道此人已往生，但卻可能無法或不願相信這個事實，因而先遠離此失落的痛苦，將有助於他為遲早得要面對的痛苦與哀傷做好準備。

在這段時間，哀悼者常常無法記住別人跟他說話的明確內容，心智似乎阻塞了，也跟耳朵脫了節。不過，

「有時，像是微醉或腦震盪的感覺。似乎有件隱形的毯子遮在我跟這世界之間，發現任何人說的話都聽而不聞。」
——C. S. 路易斯

他們倒是會記得周遭的人給他們什麼感覺，這也說明了為何這時的非語言默默陪伴勝過千言萬語。

這雲集的反應就像是一針麻醉劑，痛苦是存在的，但當事人在此全然真實的情境中，卻並未感受到。實際上，案主的身體和心智主導著一切，正致力於幫助他好好活下去，伴隨著這些反應的典型生理機能也包括自主神經系統的接管掌控，於是心悸、噁心、胃痛以及頭昏眼花都是常見的症狀。

廣泛地來說，在其他情境可能被視為不尋常的行為，此時卻常會出現，像歇斯底里地哭泣、爆發怒氣、大笑，甚至昏厥，都是這時期常見的現象，若能讓這些行為表現出來，其實是有助於健康的。可惜的是，哀悼者身旁的親友卻常會企圖壓抑他們的爆發性情緒。身為助人者的各位，可能有許多人會想起，曾經有過被叫去「撫平悲傷者」的經驗。

此一悲傷反應，基本上只是反映一個人走入悲傷歷程的開頭而已。然而很重要的是，許多人包括一般大眾或專業人士都必須明白，這現象會出現在整個哀悼過程，並從我們常聽到哀傷者所說的話語中反映出來：「別人在事情發生當時，跟事後的一小段時間裡，都會出面來幫我；但他們很快就回到日常生活中，似乎已經忘了我，我需要的支持和被了解也沒人看見。」這一類的敘說透露著十分重要的訊息，代表著我們不只是死亡事件發生時要在他們身邊，而且要在他們身邊很長一段時間。

每個人能夠開始全然接納死亡的事實，並超越此一悲傷反應層面的歷程，是十分不同的。震驚和麻木的反應，唯有在案主能夠並準備好要面對失落所帶來的真實感時，才會漸漸退去。對每個人提供明確的悲傷時程，可能流於過度概化；但可以明顯理解，發生死亡事件的狀況跟能否全然面對失落事實的準備度是有密切關聯的。

即使案主開始能夠接納失落的事實了，但此處所提的悲傷反應仍會偶爾浮現出來，尤其容易出現在忌日，或其他特殊日子（像是生日、節慶等）。以個人經驗來說，我就一再見證到案主在舊地重遊時，會有這類的悲傷反應再現。

事實上，當哀傷者試著接納並將死亡事件的意義與其生命整合時，他的心智會時而接近或時而逃避失落的事實，雖然同樣的過程會一再反覆出現，若能有一致不變的支持系統，就能使這歷程往前推進。當人們開始認知到自己的悲傷，在過程中偶爾還是會期望自己能夠從惡夢中醒來，或期望其實什麼事都沒發生過。

陪伴者的協助角色　助人者在此時很重要的工作是，應明白震驚、麻木、否認和不相信，這些反應都不需要勸戒，而是應該去了解並讓它們被表達出來。嘗試做其他任何事情，都有可能是一種剝奪當事人悲傷權利的企圖。關於悲傷歷程的此一層面，哀悼者若無法反應出來，她自然會在行為上有顯著的渴求，需要他人給予照顧。

根據我的經驗，陪伴者在此層面的主要任務就只是「陪著」案主。要記住，我們知道人們在此一時刻，並不會記得別人對他們說了什麼話，但的確會記得周遭的人使他們有什麼樣的感受。安靜的、關懷的、支持的陪伴關係往往是一個人此時此刻最大的需求。

在生理、情緒和心靈層面上一方面發揮作伴的藝術，同時卻又不會侵犯到哀悼者的空間，這並非易事。當身為助人者的我們感到無助之時，往往第一個傾向就是滔滔不絕地說太多；能夠覺察自己在此時的無助感，可以讓我們在照顧工作中變得更有效率。覺察到自己的無助感，就會明白到用語言轟炸我們的案主，只會讓他更加失去方向而已。要記得，唯有親切感才是建立自在且開放空間的基石。

我們也可能會想對案主提出，她此時需要對自己做什麼或說什麼的建議，這時不如就把時機交給她並給予支持即可。讓她自己找到可以為自己做什麼和說什麼的價值所在，並能夠照著自己的時程，在神奇的動力中面對失落，而不是我們的安排；同樣地，應避免陪伴者本身剝奪了案主的機會（當然，現實面的主動協助，例如準備食物，還是很需要的）。

如前所述，此時應了解到案主經常會在做決策時或需要專注時感到困難，這事在所難免。要做一位有用的陪伴者，就不應配合那些企圖強迫案主做決定的人；若有人別具用心想要勉強當事人做決定，我們可以建議給予一段思考期以利等待。做決定的事可以、且應該暫時延後，等待當事人覺得能夠參與決策程序時才進行。

此時，應盡可能為悲傷者提供實際的安靜空間，人們受到震驚時，周遭的吵雜聲往往使他們失去方向。奇特的是，安靜具有安撫作用。此外還可以提供毯子，讓他們保持溫暖，這時候，熱飲對許多人來說也很有幫助。

採取當事人對我們的回應做為自己一言一行的參考，切記，陪伴過程中不要把自己的需求投射在案主身上。我曾聽說，此時最有效的助人方式就是：「安靜閉嘴，張耳傾聽，隨侍在側。」也許把這個口訣謹記在心，當作服務重點，可以幫我們在此最艱難的時刻，有效地伸出安撫之手。

瓦解／混淆／搜尋／渴求

或許悲傷經驗最為孤單和令人驚嚇的部分，就是失落之後所產生的瓦解、混淆、搜尋以及渴求等經驗或行為，這是哀悼者開始面對失落事實常有的狀況。一位女士曾表示：「我覺得自己好像一個孤單無伴的旅人，更慘的是沒有目的地，就好像我無法找到自己，或其他任何人。」

這就是許多人所經歷的「失魂落魄徵狀」（going crazy syndrome）。因為在悲傷歷程中的正常思緒和行為跟我們一般常態的經驗不同，哀傷者並不知道她的這些新思緒和行為是否正常。以下所描述的那些經驗，都是人們在所愛的人死亡後十分共通的反應，應該被視為哀悼過程中的正常現象，陪伴者的主要任務就是協助當事人了解，這些經驗是正常的反應，無需壓抑或躲避。

經常會有的狀況是坐立難安、心緒煩躁、沒耐性，以及持續混淆的感覺，就好像身處荒漠或湍流中，你抓不到任何東西。支離破碎的思緒在哀悼者的腦海竄流，而強烈的情緒有時也壓得令人透不過氣來。

「展開任何事情似乎都不值得，我無法安定下來。」

——C. S. 路易斯

瓦解感和混淆感通常意味著，當事人此時無法完成任何事情。開始了的計畫，也許無法做完；時間感產生錯覺且似乎必須極力忍耐；一天當中，常是一早或深夜令人感到最沒有方向且混亂。瓦解和混淆總是伴隨著脆弱和缺乏行動，正是我常提到的「悲傷得無精打采」（the lethargy of grief）。因失落而帶來的急遽痛苦，十足蹂躪著悲傷者，使他感覺不到日常樂趣的存在。

不停搜尋死者的蹤影是歷程中常見的部分，渴望找到死者，腦中全都是有關他的回憶，這些失落反應帶來強烈的悲傷。在感官上往往會錯將別人當作死者，有時把某個聲音解讀為死者回來的訊息，例如聽到關門聲，就覺得他會如同多年來的習慣般走進室內。

視覺上的幻象時常發生，但不應被視為不正常的現象，我個人較傾向於稱之為「回憶畫面」。這似乎也是搜尋與渴求反應中的一環，哀悼者不只經驗到死者的存在，也可能會瞬間瞥見死者出現在另一個房間。

在此悲傷層面，其他的共通現象還包括吃與睡的困擾。許多人經驗到沒有胃口，而有的人則是吃過多；能吃得下的人，卻發現他們常常食不知味。晚上睡不著，早上起不來，也是常有的現象。

「我的心和身體都在大哭，回來吧！回來吧！」
——C. S. 路易斯

夢見逝者也屬於這過程的一部分，夢境時常代表著潛意識裡對逝者的搜尋。案主經常向我描述這種狀況，可視為一種與逝者接近的機會。像是一位鰥夫曾說：「我感覺無法掌控，但發現每晚都能夢見我老婆，看到我們在一起，快樂又美滿。若是還能像這樣的話就好了。」這些夢境的內容，正好反映了哀悼者正在經歷真實生活中的轉變。

陪伴者的協助角色　在這複雜的悲傷層面，當事人常會擔心自己的情形是否正常。因此，案主不僅需面對悲傷的痛苦，還要擔心害怕自己的失魂落魄可能「不正常」。一再向他保證並教育他有關悲傷經驗的正常反應，可以讓他放心說出自己的想法、感受和行為反應。

我曾提過，悲傷必須要能夠釋放出來與外在環境分享，療癒才會發生。當案主一再敘說他的悲傷故事時，陪伴者需要耐心地專心傾聽。因為當事人正在把所發生的死亡事件內化整合，並使自己與之和解，所以才會一再地重複。

在此時期，哀悼者會從我們願意傾聽與想去了解的態度感受到我們的真誠；她若是不覺得我們有開啟心房願意傾聽和想要了解的心意，就不會跟我們分享她的悲傷。

「說故事」的神奇力量

當父親因癌症手術躺在病床養病時，正是我聆聽他生命故事的好時機。我最棒的父親，在理智上和情感上都明白，他在這世上的日子不多了。剩下的日子不好過，但他「講故事」的需求不能忽視。

他對家人的愛，從他小時候的故事就流露出來。父親告訴我，他的母親是如何地鼓勵他熱愛棒球；又敘說他在童年到青少年時期，父親不常在身邊，父子情感上也少有接觸的種種過往；並告訴我，有關他深愛的哥哥和妹妹們的事蹟。

我意識到生命中即將失去父親，我聽見了，也明白了。我確認他對我的愛是真誠而不變的，也明白他將撒手離開母親的害怕。我了解了其實早已知道的事實——父親很偉大，他是一位充滿愛的丈夫，也是一位很棒的父親。

我明白「說故事」的力量有多神奇，當他從一個故事換到另一個故事時，我不需要插嘴。有時，他會卡在很久以前特定的回憶細節上，我不需要插嘴。當他因敘說生命中或生活上充滿愛的回憶而熱淚盈眶時，我不需要插嘴。

當回想起曾經徹夜守護父親並聆聽他的故事時，我又再度感到謙卑，深深相信「說故事」能夠為人們的生死經驗帶出意義和目的，這是多麼的重要。身為一位悲傷陪伴者，我覺得自己畢生的使命便是奉獻於聆聽當事人的故事，那些愛與失落的故事、痛苦與歡樂的故事、實現希望和失去夢想的故事。

然而，在我們步調快速、以效率為優先考量的文化裡，許多人不能了解療癒歷程中傷痛所扮演的角色，也不明白「說故事」的價值所在。對於敬重且聆聽他人的故事，我們需要放慢腳步、走向內心深處，並包容我們自己的和他人的痛苦。在一個無論何時都在集體逃避情感的文化中，要去傾聽充滿悲痛與哀傷的故事，是人們無法容忍的任務。

感謝老爸的提醒，不只是你對我和家人的愛，也提醒我們都需要停下來——好好傾聽——並敬重那些有關生與死的故事。謝謝你讓我以身為一位悲傷諮商師為榮，也謝謝你讓我以身為你的兒子為榮。

從瓦解狀態走向和解的方式，需透過把思緒與感覺表達出來的過程，當事人可能要花上好長一段時間訴說和哭泣。助人者的角色在於不用說理的方式阻止他，而是以本書第一部所整理出來的陪伴原則與他同在。

此一層面的思想、感受和行為等反應並不會同時一起出現，而是起起伏伏以波浪的方式呈現。每一次浪起，哀悼者都需要有被支持的感覺；且能夠有人向他確認，這樣的驚濤駭浪並不表示自己又退了回去，而是悲傷歷程的正常現象。有時，當事人可能會說些沒啥道理的話，但卻可能有助於澄清他的想法。

在這時刻，對於哀悼者，我們應該積極勸阻他做重大決定，像是買房子、搬家等。判斷力不足，在悲傷歷程中是很自然的事，狀況不好時所做的抉擇通常會導致二度失落。

焦慮／恐慌／害怕

哀悼者常會感到焦慮、恐慌和害怕，這些感受大致上是源自於一些想法，例如：「失去了他，我的生活還有什麼目標？覺得沒有了他，我會活不下去。」所愛之人的死很自然會威脅到個人的安全感，並導致焦慮產生。

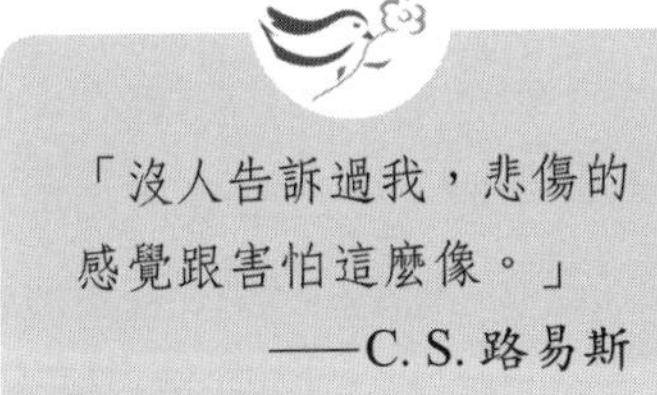

當一個人的心智不斷地被帶回失落的痛苦之中，恐慌就可能跟著出現，焦慮和害怕往往是因為擔心自己會「失常」。覺得自己不正常，就產生更強烈的懼怕感。

害怕未來會怎樣；害怕某人的死亡會造成其他人的死；聯想到自己的死亡；失去了他，害怕未來的日子會受傷；無法集中注意力；以及情緒上和體力上的脆弱感，都是提高焦慮、恐慌及害怕感的因素。哀悼者對於每天所面對的問題和擔心，常常令他覺得要崩潰了。更糟的是，生活改變可能產生經濟問題，有許多帳單要付，也害怕自己會越來越依賴他人。

陪伴者的協助角色　要記住，有關焦慮、恐慌及害怕等情緒主要的協助原則就是，需要有人支持當事人去探索，並認同他內心所經歷的這些感受。

避談懼怕的感受，只會使它變得更嚴重。較為有益的協助方式通常是傳達我們可以跟他討論的意願，提出開放式的問題，例如：「別人跟我提過，因為所愛的人死了，常常會有害怕的感覺。你有沒有什麼害怕的感覺呢？」然後隨著案主的帶領，他們便會開始探索自己所害怕的事情。

這些害怕感是人之常情，應給予支持，並表示我們願意做一片共鳴板，對他所表達的感覺有所回應。對於這裡所整理出常見的害怕狀況有所了解，就能幫我們預期到案主可能會說些什麼，而那正是他所擔心的事。同樣，運用本書第一部所整理出來的陪伴原則與他同在。

生理上的變化

在急性悲傷階段，人們的身體會回應心智上所接收到的訊息。哀悼者可能經驗到的一些最常見的生理變化，敘述如下：

- 普遍地缺乏活力，感到脆弱
- 呼吸急促
- 胃部感覺空蕩蕩的
- 喉嚨和胸口緊繃
- 對噪音敏感
- 心悸
- 噁心
- 睡不好，或有時睡不醒
- 頭痛
- 心煩意亂，且全身緊張

因為失落，哀悼者的免疫系統受到影響，變得較容易生病。許多研究顯示，在喪慟期間的人，生病機會顯著增加。

在大部分的案例中，生理的徵狀都屬正常反應，且是暫時的現象。有些時候，案主會不自覺地把自己看作是「病人」，這是在為自己的感受找尋合理化的想法，但卻可能導致看醫生過於頻繁。只可惜，把自己看作病人的狀況，通常起因於當事人未曾受到外在鼓勵而得以進行哀悼，或他自己不允許自己表達內在的想法與感受。

陪伴者的協助角色　當悲傷無法找到出口自然流露時，悲傷者就透過身體來表達感受。身為助人者的我們也需要注意到，在失落事件之前身體狀況就已不佳的話，健康情形可能會變得更差。此外，造成所愛之人死亡的生理症狀，常會瞬間發生在哀悼者身上，比如說，配偶因心臟病而死，哀悼者就可能會時常覺得胸口痛。

根據症狀的程度，建議案主去看醫生是最適切的做法，如此可以摒除造成病症的生理因素。每一位來「失落與生命轉化中心」的個案，都會被轉介至醫院做全身健康檢查，如此可協助當事人了解其生理症狀是否為悲傷反應的面向之一，通常這些症狀會隨著實際的哀悼工作漸漸展開後，就跟著有所改善。

爆發性的情緒

由於社會對憤怒情緒的觀感不好，此一悲傷反應往往令悲傷者最感困擾。通常，包括哀悼者和那些想要對他表達支持的人，都不易認可或建立適合的環境，好讓當事人表達這方面的各種情緒，這也常常造成許多人在當下不知該如何回應哀悼者。

每當提到爆發性的情緒，我們時常會過於簡化，只注意到憤怒的部分；但哀悼者其實也會有其他如恨意、責備、驚駭、怨恨、狂怒以及嫉妒等的感受。雖然這些感受都有它們各自的特質，但也都有相當的類似之處存在於每個人的基本需求中，足以讓我們將各式各樣的爆發性情緒放在一起討論。在這些爆發性情緒之下，將可看到悲傷者更為原始的痛苦、無助、挫折、害怕、受傷等感受。

「還有誰仍舊認為，有什麼好策略（若他可以找到的話）能夠使痛苦不再痛苦。無論是緊抓著牙醫診所的椅臂，或將雙手放在腿上都好。鑽牙的鑽子是不會停的。」

——C. S. 路易斯

爆發性情緒的表現通常是因為想要把事情復原成死亡事件發生前的樣子，即使已經意識到逝者已逝，還是會有表達爆發性情緒的需求，並渴望「死者復生」，這似乎深植於精神—生物面的需要。

由於爆發性情緒無法滿足想要讓死者復生的渴望，在此情形下，我們就能明白為何悲傷中的爆發性情緒是如此常見。若以此觀點來看，憤怒以及其他相關的情緒都可以被視為是一種理性的回應，是因為哀傷者想要重建失去的這段關係。事實上，在我的經驗中，能夠暫時用這種方式對抗痛苦的失落事實，確有其健康的意義所在。好比說，具有表達憤怒的能力，可以讓一個人在這特殊時刻具有活下去的力量。案主若是不允許自己經歷爆發性的情緒，或不被允許這麼做時，可能會在不知不覺中演變成慢性憂鬱反應，這時可能就會失去繼續活下去的動力。

雖然哀傷者表現了爆發性情緒，但人死不能復生的事實成為生者一再挑戰現實狀況的一部分，這是最後走向和解的必要過程。藉由漸進的認知，了解到死者事實上不會再回來，表達這些情緒的需求隨著時間逐漸改變，唯有失落的事實漸漸佇留心房成為永遠的事實，人們才能將自己從這個哀悼的層面釋放出來。爆發性的情緒會成為慢性問題，久久無法改變嗎？此時，這就成為複雜性悲傷反應的指標了。

讓我們看看這些情緒會用哪些方式表現出來：

- 爆發性的情緒基本上以兩種方式呈現出來：向外或向內。悲傷者在這些情緒中所做的事，將在悲傷歷程中造成有力影響。憤怒可能是向外表現的，包括對朋友和家人、醫生、神、逝者、心理師、沒有經歷過失落的人，或其他的人或機構。
- 有些哀悼者將死亡視為一種懲罰，因此自然會對他們覺得該為這個死亡事件負責的人生氣。神被視為是能夠主宰生死的，於是成為爆發性情緒的發洩對象。例如，有一位男士就說：「我老婆死後，我就不再上教堂了。她跟我之前都全心奉獻於我們的信仰，而祂卻從我身邊帶走了她。若是祂對我並不看顧，我看不出對祂虔誠有什麼意義。」
- 許多助人者告訴我，他們常覺得面對案主對神憤怒的情況，最令人感到束手無策。有時，會覺得想要為神辯護；然而，身為神，以祂與生俱來「鞭笞柱」（whipping post）的代罪定位，可能並不需要任何人為祂辯護；我們都知道，神把祂自己照顧得好好的，到現在已經很久了。同時我也會強調，對神生氣就表示了自己跟神的關係密切；若是沒那層關係，案主也許就不會感到憤怒了。

我的經驗告訴我，一旦我們為神辯護，可能就會為自己挖坑，結果跳都跳不出來。常有的經驗是，我們越是為自己的立場申辯，說對方不該對神生氣，其結果就是對方將更努力說服我們，說明他應該這

「祂為何只是做錦上添花和雪上加霜的事呢？」
——C. S. 路易斯

麼做的理由，我們的回應造成他必須為自己的反應辯護。

對神憤怒不需要受到批判，而是應該去了解哀悼者所經歷的情境。如果我們能夠抗拒想要為神辯護的需求，往往就能夠真正進入與案主的交談，使他得以搜尋意義所在。哀悼者已經覺得被神拋棄了，自然不能再被身為支持陪伴角色的我們所拋棄。

在某些例子中，當事人會把憤怒向內發洩，造成個人低自尊、憂鬱、長期自責、身體不適，甚至可能有自殺意念。當憤怒被壓抑並向內行進時，其悲傷經驗往往會變得複雜而漫長。憤怒向內而行，使人煩躁不安、緊張且心神不寧，就好像身體裡有著一股氣想要向外衝的感覺。

陪伴者的協助角色　並非所有哀悼者都會有同樣程度的爆發性情緒，但許多人都會有前面所提到的類似經驗。因此，在我們助人的角色中，需要於當事人情緒爆發之時給予認同，並善加運用本書第一部所整理的陪伴原則。

請注意：當然，我們並不需要引發這些情緒，而是要對這些情緒保持警覺性。大多數有關哀悼的研究都著重於突發或非預期的死亡，這些事件是爆發性情緒經常會發生的狀況；而有些狀況，尤其是那些已經預知會發生的死亡事件，爆發性情緒就比較少見，或甚至不存在。

總之，若有爆發性情緒就需要給予表達的機會，而非壓抑，這才是健康悲傷歷程所需的。許多經歷哀傷的人需要有支持度的傾聽者，因為這些人能夠包容、鼓勵，並見證爆發性情緒而不會批評、反駁或爭論。照顧陪伴的撫慰行為，往往能夠使案主表達出受壓抑的情緒。

請記住，身為專業助人者的一員，在我們想要幫助他人時，也可能遭到對方斷然拒絕。憤怒的情緒有時也會轉向前來安撫的人，因為對哀悼者來說，接受安撫就表示承認了失落的痛苦確實存在。

將敵意轉向助人者的現象，是絕對可以理解的。例如，身為助人者的我們知道哀悼的其中一項需求，就是承認失落的事實，因此我們自然會想要協助案主慢慢地去面對這個事實。然而，有些人在悲傷的過程中，他們並不打算面對此一事實，反而是想要跟逝者重聚；因此，助人者若能陪著當事人一起掙扎於努力達成重聚的想望，與承認失落事實的痛苦，這兩者之間不選邊站的話，會顯得比較有幫助。這是一種微妙的協助任務，在這當中，我們不鼓勵她的否認態度，而是從了解她想要重聚的角度來跟她溝通。助人者在這情況中若無法達到平衡時，就常常會發現案主的怒氣。

對哀悼者來說，對逝者爆發怒氣其實可以平衡正向與負向的感受，這還滿重要的。我在諮商過程中見過一些人，他們針對逝者有時會固執地把焦點放在負面情緒上，這事實上是因為想要防止自己去承認失落所帶來的哀傷、痛苦和悲悽。幫助案主拿捏這當中的平衡感，就是一種助人的藝術。

當我們協助案主努力面對這類悲傷反應時，要記住：痛苦、無助、挫折、害怕和受傷的背後還隱藏著其他感覺，陪伴者需要跟這些原始感受接觸，且同時抱持著寬容的態度去傾聽，並接納其他所有的情緒。透過寬容的傾聽和有回應的支持，悲傷者將了解到，她的情緒沒有好壞之分，重要的是，那是她的情緒，是此時此刻的感受。而在此時此刻，有這麼強烈且陌生的情緒時時在改變，助人者真正需要做的是接納她的各種情緒，並對這位哀傷的案主給予支持。

所以，我們也提醒過自己，悲傷中的憤怒和其他爆發性情緒其實是人之常情，是健康的。雖然憤怒有時會以不理性的方式爆發出來，朋友、家人和助人者不了解時，可能會使當事人因這憤怒經驗而有被遺棄、自責和混亂的感覺。

事實上，爆發性情緒不能也不應被阻止表達出來。困難點不在於這些情緒的表現，而是為自己找到機會並允許自己憤怒。當面對爆發性情緒時，哀悼者最需要的就是穩定、持久的關係，身為一位陪伴者，我們正好有此機會和殊榮來建立這樣的關係。

罪惡感／自責／歸咎

哀傷者有時會感到罪惡和自責，這是人們面對死亡與失落時，會想去檢討個人責任的自然反應。有些人為罪惡感所困，造成複雜性的悲傷反應，因而需要特殊照顧；另有些人就比較了解，這種暫時的懊悔或罪惡感是正常的現象。

罪惡感透過不同的方式發展，而成為悲傷歷程的一部分，最普遍的一種反應可能就是「如果當初我……」或「我怎麼沒有……」這類的想法。這往往是因為想要改變死亡事件發生當時的狀況，或當事人與逝者之間的關係仍有未竟事宜。

我們從案主那邊所聽來一些常見的「如果當初」的例子包括：

- 「如果當初我知道他會死的話……」
- 「如果當初我早點帶她去看醫生……」
- 「如果當初我堅持要她好好照顧自己……」
- 「如果當初我是個好妻子的話……」

這只是數百個例子裡的幾個而已，雖然罪惡感的理由聽來沒什麼邏輯，但這依然是療癒歷程中的自然現象。可惜的是，身為助人者的我們，時常會發現自己竟急著想要把案主表達罪惡感或自責的需求趕走，這部分我們將會在討論助人者角色的時候，做更多探討。

罪惡感往往是針對死亡發生的前幾天，或前幾週時的狀況。針對這段時間檢討自己的過錯，其實，這多半是間接表達一種對自己在作為上的認同，亦即為死者，能做的都已經做了。就生者的需求來說，這是我們最為確信和能夠理解的部分。在此時期，我常見到的共通議題是，渴望當初能有機會跟逝者討論到她的死，例如：「如果當初，我們對將要發生的事能夠互相坦誠的話就好了。」

一起發生事故的生還者對逝者也常常會有罪惡感，存活罪惡感使生還者產生的疑問是：「為什麼她死了，而我還活著？」我最近遇到一位來諮商的中年男性，他當時開車載著太太，因為打瞌睡而發生車禍，太太當場死亡，而他卻毫髮未傷。這位先生就需要有機會來探索這問題，太太死在面前，而他卻活著。在他心中，會覺得該為打瞌睡負責、該死的人是他，而不是他太太。

「然而不可否認的，我『覺得好些』，但緊接著就會感到羞愧，並覺得一個人應該要懂得珍視，不快樂的心情也應該拖很久，這有點像是一種義務。」

——C. S. 路易斯

另一種罪惡感來自於，此人的死亡使人有鬆了口氣或解脫的感覺，這時常發生於因久病而過世的情形，或關係有衝突的狀況。在往生者長期生病的情形下，哀悼者可能需要經常往返醫院，或肩負照顧病人日常作息的責任，若他無法認同自己可以有這種感受，不明白這是人之常情，這麼想並不等於不愛時，就會覺得他的解脫感是一種罪過。

舉個鬆口氣卻覺得罪惡的例子，這是關係衝突所產生的狀況：我曾為一群經驗酒癮者死亡的家屬服務，對於這位有酒癮的逝者，他的家人時常感到鬆了口氣（當然，也有其他情緒在其中）。同樣的，這些家屬若是能夠了解到他們的解脫感是怎麼回事，那就不會有問題，這是好的；但他們總是墜入解脫與罪惡的輪迴之中。

另一種罪惡感的形式來自於生者存在已久的性格因素，有些人在童年學到的就是，他們要對所有不好的或不幸的事負責。當生命中有死亡事件發生時，他們第一個會去指責的就是自己。很顯然，這種罪惡感跟存在已久的性格因素有關，這在陪伴關係中是需要他們自己來處理的。

當哀悼者開始經驗到一點點歡樂或開心的事時，也可能會有罪惡感，這通常跟應對死者忠誠這種信念有關，擔心若是感到快樂，就有些背叛先前既有關係的感覺。這些感覺對經歷悲傷歷程的人來說，需要給予機會去探索，才得以前進。

活著的人在死亡事件發生當時，若無法隨侍在側，往往會有罪惡感。雖然通常顯得不合理，但這是可以理解的，那個想法就是「如果我當時在場，他就不會死了」。這通常是由於想要有力量，或想要掌控自己不能的事。畢竟，如果我覺得有罪惡感，就表示我應該還可以做些什麼來改變已經發生的事，這種想法似乎是想要扭轉無力和無能的感覺，這也是在痛苦的悲傷實境中絕對可理解的悲傷反應。

我們也會見到，有些罪惡感是哀傷者周遭的人造成的。這常常發生於被忽略、缺乏了解等情境，或有人需要對自己以外的人做投射的時候。對自己以外的人做投射，是指有的家屬會想否認他們自己的痛苦及任何有罪的感覺，於是把抨擊的矛頭轉向其他家人。

舉個遺憾的例子，一位世交老友對剛喪偶的寡婦說：「如果你早先都跟上帝保持著親近的關係，你老公就不會死了。」這一類的訊息，對於已經掙扎在悲傷境遇中的哀悼者來說，往往造成極具破壞性的結果。

人們有時也會因為有意無意間曾詛咒逝者去死，而覺得罪過，我們把這現象稱之為心想事成（magical thinking），就是人們一時的念頭，竟然造成了事情的發生。在這類情形下，大部分的關係是模糊曖昧的，當事人有時會想說：「我真希望你滾遠一點，不要再來煩我。」在某些衝突較高的關係中，他們甚至更直接地會想要把這段關係結束，結果對方真的死了，當事人就會覺得這好像是自己造成的。

儘管所有的關係都可能會有一些狀況，使人們產生負面想法，但顯然個人心裡所想的事，其實並沒有那種魔力可以用死亡來懲罰別人。再者，把心裡想的跟發生的事實做連結，在我們生活中還真比比皆是。

感到罪惡，並不限於某些特定的族群，它們是悲傷經驗中很自然的反應。了解此罪惡感的正常性，且明白這需要深入接觸其源頭，才能讓我們以開放的心智、寬厚的心胸，以及同行的意願進入協助關係。

陪伴者的協助角色　對於此一層面的悲傷反應，陪伴者主要就是扮演好寬容、耐心且不妄加評斷的傾聽者，這樣哀悼者才有機會探索自己的悔恨或罪惡感，並覺察到認知重建的需求。

試著避免情不自禁的衝動，想要說服當事人趕快袪除她的罪惡感，這麼做是沒有用的，而且我們本來也就無法為案主做她必須為自己做的事情；不過，我們可以提供一個穩定的陪伴關係，讓哀悼者能夠自在地跟自己的罪咎感接觸。唯有從探索她該或不該感到罪咎的過程中，才能夠讓案主了解到自己需要負責的限制在哪裡。

為哀悼者提供機會來討論死亡事件發生時的狀況，然後我們可以陪她做一些實際測試。比如說，若案主表示：「我覺得，在他長期臥病的時候，我應該為他多做些什麼。」我們也許可以回應道：「可以多讓我了解一下嗎？你為他做了哪些有幫助的事？」案主接著可能會對她所做的事跟對逝者的幫助做個連結，於是在不評斷她是否應該多做些還是少做些的情形下，我們卻幫她看到了自己對這件事所做的結論。

當然，有些情況的確是真有過失，生者確認他們當時的確可以在與逝者的關係裡做些不一樣的決定，此時對案主的協助就會比較困難。身為助人者，我們都在嘗試用自己獨特的做法來協助真的有過失的人，我們宗教、靈性和生命哲理的背景影響著我們如何去拿捏協助性與適切性的準則。在此，我只能把自己在這種情形下可能會做的方向跟大家分享，也明白各位所用的方式可能會很不一樣，但相信都是一樣有用的。

基本上，我會就案主本身的認知架構來處理。我發現許多有宗教背景的人，在向神認罪並尋求原諒時，能找到其中的意義價值。儘管這麼做並非對每個人都有效，不過對許多人來說，它是有用的。

整個過程可能會是這樣發展的：案主告訴我有關他的宗教信仰，我感到他想要被原諒，這便引導出有關贖罪（理論上，即是關照罪惡感的說法）過程的討論。我會詢問他，覺得需要如何做可以達到贖罪的感覺，他告訴我之後，我們就可以在他個人的能力範圍內進行規劃，以尋求贖罪。

舉個例子，曾有一位六十多歲的男性告訴我，他之前對妻子施虐，幾年之後太太死於癌症。這位虔誠的天主教徒向我提到，想要從宗教的角度來尋求原諒，於是他決定要向神祈求原諒，並向神父承認自己犯了錯。規劃出的過程是：(1)向神請求原諒；(2)對自己和他人承認以前的行為是錯誤的；(3)接受已經發生的事，往者已矣；(4)在神的眼前，要自己原諒自己；以及(5)為他建立一個能夠更加充分悼念妻子的環境。透過探索罪惡感的過程，這位先生終於能夠重建失落多年與神的關係，以及與他自己的關係。顯然，這只是一個小小的例子，而協助心中感到罪咎的人這件工作往往是很獨特的，就像當事人和他周遭的情況般地獨一無二。

身為一位陪伴者，我們也需要注意到，哀悼者可能會因為覺得罪咎而下意識地懲罰自己。自我懲罰可能透過長期身體不適的主訴、長期心情憂鬱、不合理的冒險行為、自我挫敗的關係抉擇，以及整體地忽略自身利益等作為而表現出來。這些都是複雜性悲傷的徵兆，需要轉介給專家尋求協助。

我們必須了解，罪惡感會是也經常是複雜性悲傷的一部分，尤其是長期憂鬱的狀況，這是不能忽視的。罪惡感是情緒領域中最常見的反應之一，人們在其中鑽牛角尖、深陷困境；而最糟的情況之一就是，因自責而衍生的許多其他情緒上或身體上的問題，使得哀悼者可能忽略並壓抑了這種自責的感覺。

我們應注意，當事人是否有未曾解決以及長久存在的罪惡感，我們可能需要考慮向其他助人者，或擅長於悲傷諮商的專家做諮詢。憂鬱和自我毀滅的罪惡感，若是放任不管，就變得很危險了。

失落／空虛／傷心

「整個生活都變了調，她的缺席就像天空一般，籠罩在所有的事物上。」
——C. S. 路易斯

這成堆的感受和經驗常是哀傷者最感困難的一環，但其間自有道理。失落的所有感受並不會一次全部呈現，要經過好幾週，甚至更常見的是死亡事件發生後好幾個月都還在過程中，直到哀悼者發現他的生活已經因這個失落有了很大的轉變。生命中一位重要他人不在了，當事人自然有權感到失落、空虛和傷心。可惜的是，很多案主周遭的人，常會試著把他的這些感受趕走。朋友、家庭，甚至有些專業助人者都錯誤地以為，他們的任務就是要使哀悼者不再專注在這些感受之中。

有時，哀傷者有很強烈的失落感和孤單感，一開始經驗到這些感受時，哀悼者往往會很驚嚇。通常他們會以為並期望著自己已經度過了最悲慘的心情，此刻經驗到的更深層感受，卻是當初沒有做好心理準備的發展。

大多數的哀悼者都會在下列時刻深有感觸：週末、假日；早上初醒的時刻；深夜，尤其是就寢時；家人聚餐時；回家空無一人時；還有，任何值得紀念的日子等。若是有機會，可以讓他們說出這些感受，這些艱難時刻通常都跟死者有著特殊的連結。

失落、空虛和傷心有可能會因為太強烈而被視為憂鬱，與悲傷相關的文獻裡有許多爭議就在於悲傷和憂鬱的分野。悲傷會伴隨著許多憂鬱徵狀，像是睡眠失調、食慾失調、沒有動力、退縮、罪惡感、依賴、缺乏注意力以及失控感等。人的正常能力和功能也會改變——隨著這些變化以及其他憂鬱症狀——常常使得悲傷者感到孤立、無助且孩子氣。這種因悲傷而起的退化感是正常的，但對當事人來說，卻影響到其自尊和身心健康，需要我們協助他了解到這些都是哀悼過程的特質，是暫時的，會隨著時間有所改變。

我們有個重要的責任就是，需注意正常的悲傷憂鬱經驗和臨床憂鬱的不同。也須了解，其他助人者可能會使用別的準則，以下所整理的內容，是我覺得較為有幫助的分辨方式。

一般悲傷	臨床憂鬱
能夠對撫慰及支持有所回應。	無法感受支持。
能夠公開表達怒氣。	煩躁、抱怨，但無法直接表達怒氣。
憂鬱感與失落經驗是有關聯的。	憂鬱感與生活事件關聯不大。
仍然能夠體驗到生活中的歡樂時刻。	全然呈現鬱卒瀰漫的氣氛。
能夠表達悲傷與空虛的心情。	表現出無望與長期空虛的感覺。
可能會有暫時性的身體不適。	有長期身體不適的情形。
對此失落的某個特定觀點，會有罪惡感。	整體普遍地感到罪過。
自尊暫時受到影響。	呈現深度失去自尊。

在一般的悲傷狀況中，哀悼者能夠對別人的撫慰與支持有所回應，而憂鬱症狀則無法感受到他人的支持。悲傷的人通常能夠公開表達怒氣，但憂鬱者會有抱怨和煩躁的現象，卻無法直接表達怒氣。喪慟者的憂鬱感覺與其失落經驗有關，但憂鬱病患的憂鬱情緒跟日常生活的任何事件似乎都無關。在一般的悲傷狀況中，人們仍能體驗生活中歡樂的片刻，而憂鬱的人則是一直瀰漫著鬱卒的感覺。圍繞在悲傷者周遭的人能夠感受到其悲傷與空虛的感受，但憂鬱的人所散發的是無望感，以及長期的空虛感。悲傷者比較會有短暫的身體不適現象，

而憂鬱者是長期身體不舒服。哀傷者會對失落事件的某一部分懷有罪惡感，而憂鬱者卻常是完全充滿自責感。悲傷者的自尊會暫時受到影響，這不像從憂鬱患者所觀察到的，那麼深度地失去自尊。

當然，並非總是那麼容易就能分辨出這是悲傷憂鬱，還是臨床的憂鬱症；若對於這兩者之間的診斷有存疑，最好的辦法便是請教其他受過訓練的專業人士。在某些因失落而急速產生憂鬱症的狀況下，可能還需要專業的醫療介入，例如給予抗憂鬱劑藥物。

關於憂鬱狀況，我們應注意，許多哀悼者確實會閃過自殺的意念，他們往往會想要與逝者重聚，這樣才能逃離悲傷的痛楚。雖然這短暫閃現的自殺意念是正常且常見的現象，但我們對自殺意念仍不能掉以輕心，還是得要好好評估。

在哀悼過程中，被剝奪和貧乏的感覺也常常發生，當事人可能渴望有人來擁抱或安撫他，或只是期望死者可以跟他說說話。經常會有的想法是，了解她的人不在了，她覺得被拋棄了。著名作家 C. S. 路易斯在妻子死後，是這樣表達著他被剝奪的感覺：「一想再想，感覺再感覺，每一每一作為，都是以 H. 為重心。如今，這些重心不再，我習慣性地繼續活著，把箭架在弦上，然後忽然想起必須將弓放下。」

哀悼者若是身處一個不能引導他去認同並探索那些強烈失落、空虛和傷心感受的環境，有時他就會陷於衝突的處境，於是無法表達這些感受。當事人受到其他人或自己，或兩者都有的不鼓勵態度，因而壓抑這些感覺時，這被壓抑的感受通常就產生釋放的推力。常見的結果便是增強了案主孤立、失落與傷心的感覺。

陪伴者的協助角色　在這段時間，若經常並規則地見到能使其安心的人，是很重要的安排。因為此一面向的悲傷狀態十分獨立，需要有機會向能夠接納並了解的人敘說這種感覺，才能夠把自己跟外界做好連結。助人的其中一個目標就是避免使哀悼者在這艱難的時刻，產生全然被孤立和被遺棄的感覺。由於孤立的感覺會阻礙案主直接尋求支持和輔導，因此許多人都能夠接受以外展的做法來進行。

身為一位陪伴者，我們需要具有足夠的敏感度來偵測到此一悲傷面向的訊息和線索。大多數哀傷的人們不會直接說出自己的需求，且大方地談論自己的失落、空虛和傷心；但他們間接透露的線索若是沒有被聽見，或被誤解，或其緊急需求沒有被注意到，則往往造成當事人產生另一種失落的經驗。

與社會大眾不鼓勵人們表達這些感受的傾向相反，哀傷者需要有人鼓勵他們把想法說出來，並以淚水宣洩。面對所愛之人的死而有失落、空虛和傷心，甚或憂鬱的感覺，並不表示無能或軟弱，應該有人協助哀悼者去了解，他們無需為自己的感受而覺得丟臉。

避免用逼迫的方式要求對方表露失落帶給他的痛苦感受，要等待哀悼者自動向我們透露訊息，才是他準備好能夠與我們分享這些感受的時刻。在決定與我們一起探索痛苦的感覺之前，他需要先感受到身為助人者的我們對他的尊重。要能夠同理到一個人失落與傷心的深度，通常是透過我們非語言的溝通，當關係建立得夠好之後，當事人就比較能開啟心房，跟我們分享內心最深處的想法與感受。

另一個協助案主的方式是讓他了解，隨著悲傷而來的短暫憂鬱感，其價值所在。就某種意義來說，憂鬱是一種自然反應，讓人們在處理悲傷、療癒傷口時，能有個喘息的時刻。憂鬱將減緩生理系統的運作，可避免重要器官的系統受損。這些徵狀是「心靈工作」常見的一部分，接下來則是「精神工作」。

失落、空虛和傷心是認同失落事實之歷程的一部分，經歷這些感受，使人們有了寶貴的時間，得以重新安排自己的生活。隨著失落而來的憂鬱，極致說來，它是向前行的動力，讓我們衡量舊的存在方式，並為未來籌謀新的計畫。唯有讓憂鬱情緒減緩我們的腳步，機會才會自動浮現。重整個人對憂鬱狀態的認知架構，將其視為悲傷歷程的正向發展，這過程可以讓案主更能承受這些自然反應。

解脫／釋放

死亡的發生可以讓人覺得從苦難中解脫和釋放了，尤其是久病和耗弱精力的照顧。許多人不願表達這原本屬於正常的悲傷反應，擔心別人認為他們這樣是不該的，或沒良心。因此，即使這是人之常情，對於解脫和釋放感的擔心，常使當事人難以啟齒，也不會公然承認這種感覺。

解脫並不表示對死者沒感覺，反而是表達著哀傷者對苦難結束的一種回應。此外，感到解脫是一種自然反應，因為死亡使人從某種被需要中得到自由，並開啟了新的機會和經驗。

我遇到一位四十歲的男性，因三十八歲的妻子過世而來諮商。他太太過去兩年受骨癌所苦，往生後，這位先生雖然能夠為太太終於脫離病苦而感到解脫；但隨著時日過去，他也開始承認十六年的婚姻關係其實充滿著衝突與不滿。他覺得自己其實也從他們不時的爭吵，及長期互不和諧的婚姻關係中得到了釋放。

解脫和釋放感有時也反映出一個事實，我們並不會從逝者往生的那一刻起就開始悲傷，悲傷的經驗是從我們跟逝者的關係自活著的狀態進入死亡狀態的轉化開始。

當死亡過程拖了很久，並使所有涉入其中的人因此而充滿著生理和情緒上的痛苦時，我們可能會發現家屬經歷的是長久醞釀的預期性悲傷。家庭起初的反應是：「他生病了」，變成「他病得很重」，然後變成「他可能會死」。最後，家屬了解到「他就要死了」，並看到「他受了好多苦」。這苦難又提升了家屬的感覺：「如果他不要再這麼受苦，我們很樂見其成。」接著，下一步的理解通常是「他死了」，這訊息將轉換成自然產生的解脫感：「我們鬆了口氣，他死了，不再痛苦了。」

另一種狀況是那些持續衰弱、無意識、植物人狀態、長期酒精中毒，及其他沒有生活品質的存活形式，死亡也會帶來解脫的感覺。這跟家人是多麼地愛他、如何地照顧他都無關，時日長久的慢性病會使每個人都筋疲力竭、精神耗弱。當死亡終於發生時，解脫的經驗並非單獨出現，也還會有其他的情緒一起產生。

對某些人來說，還有一種解脫是因為死去的人不是他而是別人，於是有被饒恕的感覺。同樣地，這種解脫感也是人之常情，而有些人則需要我們與他一起探索其中原委。

能夠哭泣，並對於此失落表達想法和感受，也同樣會有放鬆的感覺；我時常見證到那些壓抑自己、不讓自己向外抒發悲傷情緒的人，在此情形下獲得很大的紓解。光是能夠承認他們所經歷的痛苦，就常常可以釋放內在的壓力，使他們在悲傷歷程中向前行進。對哀悼者來說，若發現有人能夠以同理心與其溝通，了解到她的經驗，也可以因此獲得解脫感。

因能夠承認悲傷的痛苦而獲得的解脫，將是走向和解的重要大步。當痛苦的感受經過探索、認同，並接受它成為療癒過程中的重要一環，重新訂定意義與目標的工作便隨之而來。把療癒的任務著重在接納解脫之感，將之視為許多正常感受中的一種，便能夠製造機會找到超越急性悲傷的希望。

陪伴者的協助角色　陪伴者在此層面的主要角色是，讓解脫感能夠獲得表達，並抱著理解此為人之常情的態度來溝通。以接納的態度傾聽悲傷者表達解脫的感覺，不暗示或加重她的罪惡感，使其覺得羞於啟齒。

正如前面所述，許多人都確實會對解脫感的表露覺得罪過。對許多人來說，這麼做似乎是無情無義且自私的，因此我們的工作就是協助當事人了解，解脫並不意味著對死者沒感情。案主願意與我們分享在解脫感之中的種種想法，正表示著她對我們的信任。與案主共同經驗走入這段支持關係的過程，我們將成為她重建生命意義與生活目標的催化劑。

和解

在許多別人所提出的模式中，悲傷的最後一個層面往往是指解決、復原、重建，或重組。此一層面常使人覺得有全然恢復「正常」的意思，然而根據我個人以及專業的經驗是，每個人都因悲傷經驗而有所改變。對哀悼者來說，要他們假設生活會回到像死亡事件發生之前一模一樣的狀況，真是不切實際，甚至可能造成更多傷害。復原，在某些哀悼者及助人者的理解中，常錯誤地被視為是一種絕對且完美的重建結果。

在我認為，和解才是一種較能表達的方式，表達出當事人在逝者不再存在，生命繼續前行，重新整合事實的過程中所產生的變化。這變化正是一種能量與信心的更新，是一種能夠完全承認死亡之事實，並能夠再度參與日常活動的能力。同時也認同了悲傷和痛苦雖然難熬，卻是生命與生活中不可或缺的一部分。

當對和解的體會逐漸浮現時，哀悼者會認知到，失去了重要他人，生命就是會不一樣。他會了解到，和解是一個過程，並非一個事件。修通這條與逝者的情感關係之路，並將能量與主動權重新導向未來，所需花費的時間和精力比大多數人所以為的還要多得多。我們人類從來無法「克服」悲傷，但我們可以與之和解。

我們都知道，哀悼的歷程如何行進是無法事先指定的，這取決於許多因素，例如與逝者的關係、支持系統的獲得與助益程度、死亡事件的特性，以及喪禮儀式的經驗等。因此，無論我們現在已經知道了多少有關悲傷歷程的各個層面，它們還是會因人而異。對哀悼者走向和解之路的重要影響之一便是，她需要用自己獨特的方式和時間長度來進行哀悼。

和解是將整個死亡事實轉變成當事人生命之一部分的一個層面，它是一種心理和靈性層面的修通，這超越了理智性的修通。在「腦袋」層面所理解的事——所愛的人死了，現在進入了「心」的層面。當重要時刻，像假期、紀念日或其他特殊日子，引發哀悼者想起逝者，不免強烈感受到悲從中來的痛苦，但這痛苦的持續性和強度在療癒達到和解後，就不會那麼嚴重。

悲傷的痛楚從無時無刻地存在、急遽又激烈的感受，到能夠承認失落的感覺，並昇華至重新找到意義和目標。失落感並沒有因此而完全消失，只是較為緩和了，悲傷所帶來的強烈痛苦也沒有那麼頻繁。當哀傷者能夠對未來做出承諾，一方面了解到死者不會被遺忘，另一方面也知道自己的生活可以，也將會向前行，持續活下去的希望感便逐漸產生。

下面的表格中所顯示的是和解狀態的準則，期望提供讀者一些指引，用以觀察那些已經進行哀悼，並將失落整合入自己生命中的悲傷者。

和解的準則

當開始處理自己的悲傷，並向前進入和解層次的人，往往會表現出：

- 認知到失落的事實，且死亡已是定局（在理智上和心理上）。
- 回到穩定的飲食和睡眠狀況，和死亡事件發生之前一樣。
- 有重生的能量和幸福感。
- 在主觀上，因逝者的死去而感到釋放或解脫（他們會想念逝者，但不會一直想著他）。
- 能夠享受生活中該有的樂趣。
- 建立新的、健康的關係。
- 能夠完全過自己的生活而不感到罪過，或覺得沒有自尊。
- 能夠組織並計畫自己未來的生活。
- 對目前的種種事物感到舒適，而不會企圖使它們回到從前的樣子。
- 能夠對生命中更多的改變抱持開放的態度。
- 了解到已經讓自己有了完整的哀悼，並繼續生存著。
- 了解到人不能「克服悲傷」，但會認知到：「這就是我所面臨的新的事實，我終究是那個要為自己人生建構新意義和目標的人。」
- 能夠承認在悲傷成長中所發現的新的自我。

- 對於因關係失落而產生的角色改變，能夠有所調適。
- 當強烈的悲傷感再度襲上心頭時（例如節慶假期、紀念日、特別的活動等），能夠疼惜自己。
- 能夠了解失落的痛苦是生命的一部分，是因為具有愛與被愛的能力而產生的結果。

警語：記得，哀悼者的悲傷永遠都不會有最後的終點，或告一段落之說，「悲傷的地雷」隨時都在。

注意：這些準則的建立，是為了可以幫助我們去探索案主的動力，是他用以走向和解的神奇力量，並非每個人都會表現出這些準則，不過對超越了「**面對**新的事實」之層次（請見第 146 頁）的人來說，大多都會呈現出這些準則所描述的狀況。許多喪慟者會試圖說服自己和他人，他們的療癒歷程遠比想像的來得順利；於此，我們身為陪伴的角色，一方面要記住那段箴言：「不企求速度，神奇動力，不惦記結果」，另一方面在這療癒之路上，仍應對他表示支持。

陪伴者的協助角色　移向和解之路是一段令人筋疲力竭又耗損心力的過程，不只是哀悼者本身，陪伴在這條旅程的助人者也一樣辛苦。一般來說，以支持的態度陪伴當事人，並協助他慢慢地進行哀悼，是陪伴者主要的任務。悲傷往往是這麼痛苦，令人想要不顧一切地逃避它。然而，逃避只能帶來暫時的紓解，悲傷的功課終究是無法拖延的。

建立和解的希望，是最終展開和解的工作重心。大多數的哀悼者會經驗到信心和自尊的失落，這使得他們對自己療癒的能力產生了疑惑。能夠給予支持的陪伴者，懷著對和解的希望和期待來協助案主面對他們的悲傷，而非逃避。不去否認痛苦，而是願意與他們「一起」處於痛苦與無助的情境中，並一直都了解，所有的傷痛在療癒之前，都要經歷更痛的階段。

正因我們預期哀悼者所經歷的痛苦其實是和解過程的一部分，於是當我們期待和解發生並知道這是有可能的時候，就能夠幫助他了解到，和解是一個真實存在的希望。然而，如果助人者也配合某些案主的想法，認為他們不可能超越悲傷的急性痛苦期，我們就可能會成為他們走向最後療癒之路的絆腳石。

與悲傷和解是很正常的結果；然而，人們需要支持、疼惜、耐心、堅忍、果斷，和最重要的——就是希望，並相信他們有療癒的能力。協助者的角色是催化劑，促進外在條件與品質的發展，好讓當事人的療癒得以順利進行。

正如當事人對悲傷經驗的態度將影響著他的療癒歷程，助人者對療癒環境的不同態度，在歷程中也有著戲劇性的影響力。協助他人走向和解之路，意味著對自己的悲傷經驗保持開放態度，另一方面還要將焦點放在我們想要協助的對象身上。很顯然地，若是能夠意識到，處理自己的悲傷比處理別人的悲傷更重要時，我們便練就了成為良好陪伴者的能力。

當在和解歷程中給予支持的時候，我們不會把自己想要的方向強加在探索的內容中，而是讓案主經由體會所找到的方向來引領我們，並協助我們做支持性且能滿足當事人的回應。我們將會感謝案主的獨立性，並尊重他有權決定這段陪伴關係的發展方向。

這種協助他人重建並自我更新的過程，需要我們助人者用盡所有力量來進行。儘管與深陷悲傷痛苦中的夥伴同行十分艱辛、緩慢且磨人，但從陪伴經驗所獲得的豐碩與充實感，卻不是筆墨所能形容的。

箴言四

了解哀悼的六個中心需求

「走進樹林或荒郊野外並非為了消遣，而是有所創造。」

——貝瑞（Wendell Berry）

所愛之人的死，永遠地改變了哀悼者的人生，而從「事發前」到「事發後」的行進變化，自然是一條又長又痛苦的旅程。根據個人以及這些年來數以千計我所陪伴過的悲傷者的失落經驗，我從中學到的是，如果要將失落與自己的生命整合，就不可能對悲傷繞道而行。相反地，我們必須要完完全全地走過它，時而漫步在路肩，時而披荊斬棘直闖荒漠之心。

此處要介紹的六個哀悼的中心需求，對於哀悼者及陪伴者雙方都是很有用的觀念。哀悼者了解了這些需求，將可使他們願意走入悲傷歷程，並能夠主動採取行動接受這過程，而非只是被動地去經驗它。

對熟知悲傷文獻的各位來說，你將會發現此處所做的陳述跟其他觀察者〔例如華爾頓（Worden）、藍道（Rando）、林德曼（Lindemann）、帕克斯（Parkes）和衛斯（Weiss）〕對哀悼需求所提出的內容十分類似，而下面所述，則是我個人對這些需求所持的觀點。請注意，在每個需求之後，都針對身為陪伴者的你提出了一些問題，當各位見證了案主逐漸展開的悲傷歷程，不妨以這些問題做為一種自我提醒。

讀完這整個章節，各位將會發現一些跟這六個哀悼需求有關的悲傷深思議題，這些觀點摘自於我的另一本書 *The Journey Through Grief: Reflections on Healing*。

正如我時常說的，應為哀悼者建立一個「安全的空間」並尊重他們的這些需求，這才是助人者進行陪伴的精華所在。請記得——重點在於「陪伴」，不是「治療」。能夠有此機遇與哀悼者作伴，可是一件榮幸的事啊！

哀悼需求 1：承認失落的事實

此一哀悼需求是讓當事人漸進地面對他所關愛的人——他所愛的，也是愛他的人——死亡的事實。無論死亡是意外發生或預先知曉，承認失落的整個事實可能需要數週、數個月，甚至數年。對人們來說，腦袋知道（對事實有所認知）是一回事，但心裡接受（情感上接受事實）則又是另一回事。

「那就像是所發生的事實躲在轉角等待，而我並不想轉彎，只是遲早還是要面對。慢慢地，我收集了足夠的勇氣才去靠近它。」

案主有時可能期望死者突然會從門外走進來，或打個電話回來。為了能繼續活下去，他有時可能會試著把死亡的事實推開，這象徵著想要對抗死亡事實的心意，想要在實體上重新抓住深深思念著的死者，其實這正是一種健康的覺察。

哀悼者經常會來來回回地游移在對抗與面對死亡的事實之間，她將發現似乎有需要不斷重演死亡事件發生時的狀況，於是正面迎戰了那些好的與壞的的記憶。這個重演的過程是哀悼工作很重要的一部分，就相當於案主一再重述悲傷事件（把悲傷化為哀悼）是一樣的，這將使死亡的事實又變得更真實一些。

失落的事實時而可以承受，時而又無法承擔，身為一位陪伴者，我們需要有耐性並溫和地陪伴哀悼者重溫這些過程。當他經驗到你一心一意所給予的安全感，就會意識到這艱難的需求的確是有必要的。記得——此一哀悼需求跟後面其他將提到的需求一樣，需要我們持續的支持與疼惜。我們所扮演的角色並非強迫當事人去承認事實，而是為他建造一個親切的時空以進行真正的哀悼。

「如何活向未來，要看我對所經歷的事實如何回應而有所改變。暫時地，我需要建立一塊遮蔽物，好讓我避免全面迎向將要知道的事實，如果它們一口氣全部湧來，我可能會死得很慘；然而我也知道，我是一定要去面對的。」

人們天生就具有緩慢將失落與自己生命整合的機制，我們有接納悲傷的能力，並讓它慢慢在哀悼工作中展開。事實上，人們之所以能夠哀悼，正顯示著我們就是能夠慢慢地認知到生命的結束，並將此事實與自己的生命整合。然而，我們無法獨自完成這樣的任務，我們需要有愛心的人來相伴。

陪伴者自問：

- 案主在承認死亡事實的過程中教會我什麼？
- 時間會是當事人在這需求中的相關因素嗎？

- 當案主歷經痛苦的新事實時，我需要尊重案主的需求，把真正的事實推開或讓她閃避嗎？
- 案主是否以自我毀滅的方式逃避失落事實所帶來的痛苦，例如濫用酒精或藥物、投入不成熟的新關係、大吃大喝，或亂花錢等行為？
- 身為陪伴者的我可以為她做什麼，才能建立「安全的空間」，好讓她在此一需求上好好進行哀悼？

哀悼需求 2：
感受失落的痛苦

如我之前所言，處於「喪慟」是一種「被撕裂」的感覺。當人們被失落所撕裂時，在哀悼工作中需要我們去接納這個失落所帶來的痛楚。受傷受難的徵狀經常會從下列五個面向透顯出來──生理、情緒、認知、社會與精神層面。

讓我們看看傷痛與難受在這五個面向是如何「呈現」出來的：

生理：喪慟本能地使人在生理上感到不舒服；當遭遇失落時，身體就會感受到壓力。

情緒：喪慟自然也會使心情難過，並感受到一波又一波的情緒起伏，需要有人來安慰。

認知：喪慟會造成認知上的難受；於是思緒混亂，記憶衰退。

社會：喪慟也造成社交層面上的不舒適；朋友和家人可能會退縮並產生孤立感。

精神：喪慟在精神層面上也不由自主地造成困擾，產生許多疑問，像是：「為何我還活著？」「我的生活還有什麼意義？」「老天有眼嗎？」

對許多人來說，身處迴避哀悼的文化之中，逃避、壓抑或拒絕悲傷所帶來的痛苦反而比面對它來得簡單。但最終要把失落與生命整合的話，還是必須面對痛苦，並了解這痛苦其實沒有什麼不好，我們必須先走進靈魂的荒蕪之地，才能夠獲得療癒。

「我可能為了想要保護自己免於悲傷而不去談論自己的失落；我也可能偷偷地希望，如果不談的話，死去的人會再回到身邊。然而，這跟『必須先去感受悲傷，才能獲得療癒』其實一樣的困難。」

與接納痛苦的相反做法往往是，試圖表現出一切都「在掌控之中」。在這掌控的念頭下卻是焦慮與害怕——害怕將會經歷哀悼的痛苦，亦即上述所提的五個面向都將會遭遇的痛苦。

當哀悼者接受了人們無法對失落的痛苦繞道而行的事實，她就會看到讓自己放輕鬆走進痛苦的勇氣（即「不受周遭人們強烈勸阻的影響，自己知道如何做才是對的的能力」），這當中自然是充滿了矛盾情結。嘗試逃避、壓抑或拒絕悲傷的痛苦，將使哀悼者自己成為悲傷旅程中的阻礙，並造成更嚴重的慢性焦慮與憂鬱。

表現控制力顯然是北美洲人逃避悲傷與失落最愛用的方式之一，我們對於掌控能力是如此重視，以至於大家產生內化的錯覺，以為只要我們想做就可以做到不去掌控。也就是說，我們以為我們可以控制放棄掌控這回事！在悲傷中的人是無法放棄掌控的；在悲傷中的人放棄的是我們能夠掌控的信念。在精神層面上，成熟的悲傷歷程應該是，案主接納一種弔詭——一方面活在面對與順服的狀態中，另一方面卻又能夠「處理」並「順服」這個歷程。

「我內在的悲傷有它自己的心跳，它有著自己的生命、自己的歌。部分的我想要抗拒這悲傷的韻律；然而，唯有當我順服那首歌的時候，才能夠聽見我內心深處的聲音。」

當案主開始了解這當中的矛盾，便能夠慢慢地、不企求速度地發現靈魂所感受到的撫慰。許多哀悼者告訴我，他們發現自己其實被包裹在一種溫和的平靜裡——當下活在面對（「悲傷工作」）與順服（去接受無法理解的神祕）的平靜之中。

在許多東方文化中，衰老、病痛和死亡是每天都會遇到和經驗到的事，人們每天的生活都接觸到這些事實，他們較不會否認生命的確少不了傷痛和受苦的歷程。而西方文化有著防制受苦受難的能力，於是此文化便傾向於鼓勵人們否認痛苦的存在。先進的醫療和日益精進的科技延長了壽命，無庸置疑，這增進了許多北美洲人在身體上的舒適度。

然而——當感受開始發生變化——當傷痛苦難變得不易被看見，或被丟棄在陰暗的門後時，它們便不再被認為是人類天生本質的一部分，而被視為是一種不對勁的現象。

許多哀悼者都誤解了傷痛苦難所扮演的重要角色，但這不怪他們。一旦他們公然表達了自己的悲傷感受，有錯誤想法的家人朋友便會勸他們「加油」或「放下」。相反地，若他們表現出「堅強」與「自制」的態度，可能就會有人讚揚說他們將悲傷「處理得很好」。

許多在哀悼者周遭的人都希望他們能夠保持自制力，將此視為是一種面對悲傷的自我保護方式。我們之所以想要掌控，是因為我們害怕悲傷所帶來的痛苦。接納並深入失落是一件傷痛的事；認知到我們將腐朽，並因生命的隕落而謙卑，是一件傷痛的事。與悲傷者作伴，我們必須要熟知，這不僅是面對他的痛苦，也有我們自己的痛苦。否則，我們就會不自覺地想要去「矯正」處於痛苦中的人，而不是為他們建立親切的環境，讓他們好好「吸收」這需求的過程。

沒錯，扮演助人者角色最重要的部分就是協助案主「吸收」失落的痛苦。也就是說，哀悼者無法（就算她想要這樣也不可能）讓自己一口氣負荷過量的傷痛。事實上，有時我們的角色可能還需要讓案主對失落的痛苦有所分心；但有時又得要為她建立「安全的空間」，好讓她趨向痛苦。吸收痛苦：是的！否認痛苦：錯！

真正的陪伴者總是會記得，悲傷所帶來的痛苦是一種需要經歷「吸收」的過程，而不是一個可以「克服」或將之「結案」的事件。失落在上述五種面向所呈現的痛苦，將會在經年累月之後慢慢衰退流失。就陪伴者來說，建立那個莊嚴肅靜的空間，需要有耐性、支持度以及疼惜心。

陪伴者自問：

- 她明白在失落與生命整合的工作之中，傷痛和苦難所扮演的角色嗎？
- 她在上述所摘要的五個面向中，以什麼樣的情緒和行為表現出需要關照的需求？
- 她在「吸收」失落所帶來的痛苦時，有表現出自我疼惜和耐性嗎？
- 身為陪伴者的我可以為她做什麼，才能建立「安全的空間」，好讓她在此一需求上好好進行哀悼？

哀悼需求 3：回憶逝者

這需求主要是協助案主尋求與逝者過往關係的回憶，正如齊克果所言：「雖然生命是向前活的，但我們卻需要向後去了解它。」相對地，許多圍繞在哀悼者周遭的人卻相信，他們主要的協助角色就是叫當事人「放下」，並有效率地向前行。

「有人告訴我，為未來尋找意義的本質並非忘掉過去，而是接受我的從前種種。因為聆聽過往的音樂，才是我現在能夠唱出和舞出的未來。」

身為陪伴者的我們應該讓哀悼者感覺受到肯定，而能夠去回憶這段雖然已經改變了、卻仍是持續著的關係。回憶——好的、壞的、平淡的、反映重要關係的夢境，以及可與死者做連結的物品（例如相片、紀念物、衣服等）——都是以不同形式證明關係仍然存在的例子。

對許多人來說，開啟過往回憶的歷程通常始自於喪禮或追悼儀式。儀式可協助人們產生追憶逝者的神奇動力，並幫助我們「推舉」出過去生命的價值所在。在典禮儀式中，大家所認同的追思行為能夠塑造出與逝者這段關係改變的氛圍。

之前所提的祈禱文「不企求速度」提醒了我們，回憶、整合的工作是一個十分緩慢的過程，有時，甚至是個痛苦的過程。而身為陪伴者，我們一部分的協助角色就是一再強調「說故事」的神奇力量。

許多案主會告訴我們，周遭的人阻止他哀悼的經驗。也許會有一些充滿善意的家人朋友建議他們把死者的照片拿下來；也許會有人勸他們「保持忙碌」，這樣就不會時時想到死者。當事人自己或許也相信，避免回憶才是對自己較好的。為什麼不呢？我們都活在一個教導我們遠離悲傷，而非趨近它的文化之中。

相對而言，我們陪伴者的角色卻是要協助案主去追憶她的思緒、感受，以及生命中她認為最重要的本質，無論記憶內容為何，都必須被聽見並受到尊重。如果我們支持「說故事」的重要性，把之前存在的關係轉變成記憶的關係，就會變得比較容易些。

當然，並非每一位哀悼者都有美好的回憶，此一事實會使這個哀悼需求在整合工作中自然變得較為複雜；但若忽略那些痛苦的或含有矛盾情緒的回憶，療癒就不可能發生。在我們不評斷、有同理心的安全關係中，加上適切的時機和步調，哀悼者便能與我們共同探索這些回憶。如果當事人壓抑或拒絕這些浮現的記憶，就有持續將悲傷或憤怒帶入未來生活的風險。

「我可以釋放那些觸及我回憶的痛苦，但唯有先憶起它們才能做得到。我可以釋放悲傷，但也唯有先將它們表達出來。記憶和悲傷必須要用真心來環抱。」

記憶和悲傷必須要用真心來環抱，回憶過往使人們看到未來希望的可能性。身為陪伴者的我們，有榮幸出席在哀悼者的面前見證她的發現，看到找尋未來意義的本質並非是靠遺忘過去，反而是接納過往。

陪伴者自問：

- 從存在的關係轉變為記憶的關係，案主的位置在哪裡？
- 案主是否曾有被告知應「放下」過往的經驗？若如此，她的悲傷經驗受到什麼影響？

- 案主對於此一記憶的關係，是用什麼方式來表達敬意的？
- 當事人是否抗拒關係的改變，一心想要維持逝者之前的存在關係？
- 身為陪伴者的我可以為她做什麼，才能建立「安全的空間」，好讓她在此一需求上好好進行哀悼？

哀悼需求 4：發展新的自我認同

這個關於新自我認同的需求，主要是由於生活中沒有了死者的真實存在而衍生出來的。一方面是因為人們的自我認同或自我感受來自於我們跟他人的連結關係，當某位與哀傷者有著連結關係的人逝世後，她的自我認同或她看待自己的方式不自覺中就有所改變。

案主可能是從「妻子」或「丈夫」的角色變成了「寡婦」或「鰥夫」，也可能從「父母親」變成了「喪慟的父母」。他認定自己的方式，以及社會認定他的方式都改變了。

哀悼者失去了一面「鏡子」，這是能夠協助她認識自己，且知道自己生命意義的鏡子。此時很重要的一個需求就是能有人陪伴，能夠同理她，並了解哀悼者並非在死亡事件後的某一天，一覺醒來就發現自己的角色改變了。重新找到自我的新感覺是一個很緩慢的過程，它不是一個事件而已。

「如今我了解到：我對自己的認識真是太少了，這個死亡事件迫使我對自己更加熟悉，我必須停下腳步來好好地傾聽。」

死亡事件往往需要哀悼者承擔新的角色，一個原來是由死者所扮演的角色。畢竟，還是要有人把垃圾拿出去丟、還是要有人去買菜、還是要有人記帳。哀悼者每做一次原來逝者在做的事情，就要面對他身分改變的事實。有時，這是一件很艱難的事，會使當事人覺得在情緒、體力和精神上都耗弱至極。

在面對自己的角色改變和失去「鏡子」的掙扎中，她有時可能變得很孩子氣；有時可能會突然變得十分依賴他人，並感到無助、挫折、不知所措和懼怕。這些感受可能使人不勝負荷，或感到驚嚇，但它們都是哀悼工作中對於此一重要需求的自然反應。

想要將自己拉回「舊自己」的力量很強，但因為失去了那面鏡子，舊的自己是永遠不會回來了。如今，暫時迷失在悲傷的荒漠中似乎才是所熟悉的地方，但當然這是很不舒服的事。慢慢地，經過一段時間，有人溫和地與他作伴，哀悼者便可漸漸走向發現新自我之路。當他經歷「曖昧處境」時，我們將以敞開的心房、疼惜和親切的態度協助他度過這歷程。

「當我願意並渴望尋找改變了的自己，面對一成不變而又盲目的失落之痛便有了不同選擇。發掘了改變之後的我，使我清理出一個發現新生命的空間，讓我有可以轉向的目標，而不是躲得遠遠的。讓我能夠大聲哭出，釋放我內心的張力。讓我真正、真實地感覺到：是生命用自己的方向和力量突破了我的孤寂。歡迎回家！」

陪伴者自問：

- 案主在新的自我認同演變過程中，處於什麼狀態？
- 時間對她在這需求上的運作有沒有影響？
- 死亡事件使案主經驗到什麼樣

的角色改變？

- 有沒有什麼角色典範——其他有類似經歷的人——可應用在此案主身上？
- 身為陪伴者的我可以為她做什麼，才能建立「安全的空間」，好讓她在此一需求上好好進行哀悼？

哀悼需求 5：尋求意義

哀悼者在「被撕裂」之後，有重新找到生命和生活資源的需求。當所愛的人過世，案主會不由自主地對生命意義和目標產生疑慮，她可能會對自己的人生哲學產生疑問，因而有此一需求，想要探索宗教與靈性層面的價值觀。

當產生「為什麼？」和「該如何？」之類的問題時，她可能發現正在為自己持續的生活搜尋意義。「為什麼發生這種事呢，竟然是這樣的結局？」「我該如何繼續生活下去？」在逐漸展開的哀悼歷程中，「為什麼」的問題經常就帶出了「該如何」的問題。搜尋繼續生活下去的理由，是悲傷工作中很重要的一部分，而且需要人們在體力、情緒和精神上有所付出。

死去的人是案主生命的一部分，他現在必須為此進行哀悼，不但外在的他有此需要，也包括了內在的他。而他也同樣需要為那些未完成的夢想、希望和對逝者的期待，以及他們的關係進行哀悼。

有時，排山倒海而來的悲傷和孤寂才是她揮之不去的伴侶。她可能感到此人死了，她的一部分也跟著死了，而她所面臨的是，要為持續下去的生活找到意義，即使那生活現在對她來說，是這麼的空虛和孤單，也還是要繼續。

所愛之人的死引發哀悼者開始探索他們自己的世界觀——即人們用以理解宇宙運轉，以及他們自己身在其中所占位置的一組信念。有些研究觀察到，生活在現代西方文化中的人們，在走過生命的過程中，傾向於相信這世界在本質上對生活是友善的、生命大多是公平的，而且基本上都應該是好人有好報。換句話說，這是一般共通的世界觀。

但有些死亡的發生，尤其是十分極端的狀況或悲劇性的死亡事件，帶來了傷痛和苦難，此結果破壞了原有的信念，並使繼續快樂地活下去成為一件困難的事。這死亡事件造成巨大影響，哀悼者對他的基本信念失去信心，不再相信世界是友善且公平的。結果，透過意義搜尋的過程，傷痛和苦難反而增強了。

因此，案主對於意義搜尋以及生命與生活資源的更新，要從哪裡開始才好呢？對許多悲傷的人來說，搜尋工作可從他們的宗教或靈性傳統開始。「被撕裂」的案主可能會對他們的信仰產生懷疑，並在靈性議題上發生衝突和疑問，這些困惑在她腦中、心裡不斷冒出來。當然，這是更新歷程很正常的一部分。

「我必須面對我的疑問、懷疑、害怕，這些疑懼中有著豐富的資源。當我對它們進行探索時，並不會增強我的張力，而是可以釋放它們。於是我能夠超越自己的悲傷，發現了我心中從來無法理解的新生命力。喔，感受到了那新生命的溫馨。」

例如，在猶太教與基督教共有的傳統裡，一個基本的信念就是，這世界是善良公義的上帝所建造的，而所愛的人死了，自然就挑戰了許多哀悼者相信上帝是良善的，以及這世界基本上是個適合存活的好地方等信念。於是，作為一位心胸開放的陪伴者，我們不會因為聽到案主說出「我不確定是否在意，明天早上我不會醒過來這檔事」這樣的話而震懾或驚嚇。這一類的說法往往是一種邀請，要我們進到他的悲傷荒蕪之地。現在，問題倒在於你能不能接受這個邀請，而不覺得有需要去否定他的實際狀況？

當這些信念或長久存在的世界觀在之前的悲傷事件中受到挑戰，通常很少有什麼新的想法會立即取代它們。這是悲傷一開始會發生的「懸宕」或「空無」的狀態——一種信念更新之前的清空現象。

對許多哀悼者來說，有一種深深失去方向或缺乏未來目標的感覺，尤其若他的生命意義、希望、夢想和未來計畫已經大量投入一段關係中，而這段關係卻不再存在時。總而言之，案主會告訴我們，他正在經歷的就是一種「世界大」的悲傷，在這當中，一切都不再像死亡事件之前那樣的理所當然。

「在我所愛的人死後，我值得為自己找到生命的意義而驕傲。悲傷使我面對了生命就在眼前的事實。如今，我能夠展現自己的生命價值，以及為逝者全然活下去的生活。」

每一位哀悼者的世界觀和信念一旦因其所愛之人的死而受到衝擊時，就會演變進入一種重建狀態，然後她才能重新投入新的生命和生活中。若過程裡能有陪伴者全程參與，深入她的荒蕪經驗，這重生的契機就產生了。正如馬丁路德．金恩（Martin Luther King, Jr.）曾說過：「那些沒有摧毀我的，將使我更強壯。」不過，這種優勢並不是很快或者很有效地發生。

要將一個人被撕裂的世界重整回來，需要時間、充滿愛的陪伴，以及對人性的理解——一種協助人們去面對無力感的美德。協助他人搜尋意義最重要的部分，就是鼓勵他們在哀悼中，不要對深層的「生命意義」議題懷有需要找到答案的壓力。

建立莊嚴肅靜的環境使哀悼者在其中能感受到痛，並最終找到繼續活下去的意義，這兩者並不相衝突。事實上，公開哀悼和慢慢發掘繼續存活的新意義，此兩種需求是可以很自然地相互融合的，即在前者的哀悼中引導展開後者的療癒之路。我們人類一致的使命就是盡可能地成為最有愛心的人，在散發自己助人能力的過程裡，協助哀悼者於所愛之人死後找到其中意義，我們也同時會看到自己的使命所在。

陪伴者自問：

- 案主在更新生命與生活資源的過程中，處於什麼位置？
- 案主對於生命和死亡這些事，在此失落之前有著什麼樣的宗教、靈性和哲學信念？
- 這個失落是否改變了她的信念？若如此，是如何改變了？
- 案主是否允許自己探索之前所持的信念或世界觀？
- 身為陪伴者的我可以為她做什麼，才能建立「安全的空間」，好讓她在此一需求上好好進行哀悼？

哀悼需求 6：
接受他人持續的支持

這是指哀悼者在失落事件發生後，有很長一段時間需要支持。由於哀悼者處於一個「吸收」的過程，那是隨著時間而逐漸展開的，在死亡事件之後數月，甚至數年都必須有人給予支持。案主所接受到的支持，其質與量將成為她未來是否能夠把失落與自己的生命整合，又為生活做好資源更新的主要影響。

可惜的是，由於我們的社會太重視人們應在一個直線式的時程裡恢復「正常」，使得許多喪慟者在死亡事件發生後沒多久就不再被關心。若可能的話，我們扮演陪伴角色的基本要素就是，不只在急性悲傷期，還應長期支持悲傷的案主。

「我之所以獲得療癒，是因為在某種程度上我允許別人對我表達愛。因為選擇了邀請他人來到我的旅途，使我可以走向健康的療癒之路。如果我選擇躲避，我便也躲避了療癒的機會。」

為了做個真正有幫助的陪伴者，能夠成為支持系統一環的人應該感恩死亡事件所帶來的衝擊，以及它對哀悼者的影響。他們必須明白，為了要慢慢地與失落和解，就應該讓——甚至是鼓勵——哀悼者在死亡事件過了很久之後，還是能夠哀悼。同時，他們必須接受一個想法：哀悼並不是該滅除的敵人，而是必須要去經歷的，因為這是愛所帶來的結果。

悲傷的經驗會非常地孤單，這是它天生的本質；療癒在某種程度上來說，來自於與支持系統以及外在世界保持聯繫的狀態。正如之前箴言二所提到的，我們助人者的一部分角色就在於創造那個神奇動力，協助案主啟動他生命中有效的支持系統。

當陪伴案主時，我們會從他口中得知是否接收到家庭成員或朋友的支持、是否有宗教社群或生活中其他團體的支持。我們將發現有些案主會公開地尋求並欣然接受支持，而其他人則更可能無法開啟自己的心房，接受別人對他們的支持。我們會發現有些案主，面對死亡事件具有汙名時（像自殺、凶殺、愛滋病），是否能夠接受支持有很大的影響。往往，汙名化程度越大，可得到的支持就越低，而所謂相互偽裝（mutual pretense）的風險就越高：亦即哀悼者周圍的人雖知發生了什麼事，但卻認為對當事人應該絕口不提比較好。

當然，一年裡的某幾天或某段時間，案主可能會非常需要支持，例如生日時、節慶假期、季節變換、忌日等，光是一個人的生日就可能引發悲傷地雷——悲傷與失落感升高的時刻，正是可以從支持系統獲得照顧的機會。有些文化則有專為此情境而設的「亡者之日」，為哀傷者在這無法避免的艱難時刻提供一些支持。

「對於悲傷，我不需要靠本能去知道該做什麼或如何做，我可以向走過這條路的人求援。我學到的是，必須要跟那些走在我前面的人所給出的經驗相互交流，才能獲得最終的療癒。他們給予了我希望、內在的力量，以及去愛的能力。」

陪伴案主一個很重要的部分就是，身在他的幾個可依賴對象之中，要能夠了解悲傷和哀悼的持續影響遠超過社會所認為的適當限度。用我們的方式示範該有的敏銳度，讓當事人感受到不同的世界以及我們的回應，反映出此一概念應受到的關注。

陪伴者自問：

- 案主是否有持續的支持系統？若有，都是哪些人？
- 案主是否曾想從任何人或團體獲得支持，卻有遭摒棄的感覺？
- 死亡事件本身是否有什麼汙名化的狀況，使得案主無法接受到支持？
- 當事人是否願意且能夠接受支持？
- 一年中有沒有什麼特殊日子或時刻，是案主可以獲得較多支持的機會？

- 身為陪伴者的我可以為她做什麼，才能建立「安全的空間」，好讓她在此一需求上好好進行哀悼？

六個哀悼需求的重要性

我無法形容這六個哀悼需求對身為陪伴者的你有多麼重要，你可從運用中獲得的好處非常多。

基本上，這是對各位助人者工作內容的描述。當我們注意到這些需求，案主就能獲得安全的空間，讓自己從這些需求中吸收、滋養，假以時日，透過哀悼的進行，便能看到這些反映出她個人特殊需求的徵狀逐漸得到緩解。

悲傷是真實的，它並不會隨著時間消逝，經驗悲傷並進行哀悼，往往就等於是穿過不可知的荒野，而這塊土地充滿了大量的痛苦與失落。但是，陪著人們走過這六個哀悼需求，我們就有機會成為療癒的催化者。

箴言五

接納悲傷所具有的轉化特質

「當走到所有光線的盡頭，踏入不可知的黑暗時，我們必須相信下面兩件事的其中一件會發生 —— 那裡會有堅固的實體讓我們站在上面，不然就是有人會教我們飛。」

——佚名

本書主要的重點就是，帶著悲傷情緒的哀悼者會好好地被友善對待。當我們付出愛、同時也從他那兒獲得愛的某人死了的時候，我們就展開了一段心靈之旅。一顆哀傷的心若是有所開放，就變成一口「感受之井」，能夠全然因感受到的事情而有所轉變。有伴同行地真正進行哀悼就是個機會，讓我們接納這顆開啟的心，讓轉化受到鼓勵而發生。

因所愛之人的死而被撕裂，我們像是被拋在荒野，日常生活被打亂，生命故事就此改變。我們追尋並渴望死者回到身邊；我們感到生活沒有樂趣，且懷疑沒有了她如何還能過下去；當面對無法再使其活過來的事實，我們感到崩潰且無助；我們希望此時此刻還能繼續愛著她；當別人告訴我們一定要「放下」時，我們用盡所有力氣堅決反抗。

經過一段時間我們（我希望是這樣）學到了，經驗痛苦與悲傷的感受並不表示我們有病；我們學會不把悲傷歷程看作是患病狀態；我們學會儘管身處於一個期待人們快速修正悲傷狀態的文化之中，也還是要放慢速度，並且順服悲傷歷程該有的樣貌。

我們必須對悲傷的能量有所順服，並沉入其中且經驗，如此，才能建立可讓我們從內在產生新力量的環境。有充滿愛心的陪伴者同行，使我們從深深的悲傷中站起，並意外發現療癒和轉化萌芽了。療癒的發生並非因為我們把自己與痛苦隔離，而是因為我們參與了痛苦。是的，海倫・凱勒的觀察是對的：「到另一邊的不二法門就是穿越它。」

為悲傷夥伴打造療癒的希望

與悲傷中的夥伴同行，需要打開自己的心房以表達疼惜之心，並為療癒和轉化帶來希望。在身為悲傷諮商師的三十年中，我發現從悲傷歷程中所產生的希望，大多是指陳好好活下去並全然給予愛，至死方休的能力。

我在前面為希望所下的定義是「相信將會有好結果的期盼」。帶著希望處於悲傷的五里霧中，就是相信我們在哀悼裡能夠且將會前進，並發現生命在全然地活著、愛著之中持續進行，會是豐盛的。我相信，當抱持著一種態度，即每個人的靈魂在此都是為了一個神聖的目的——本就會在人生路上遭逢悲傷的痛苦—— 我們便能透過陪伴關係的濾鏡看待周遭夥伴。正如本書從頭到尾所強調的，陪伴關係的重點就是耐心、疼惜與溫和。

我們陪伴者認同並尊重悲傷使生命改變的事實，當人們從悲傷的荒蕪之境起身時，他們，以及我們所有人，已經跟走進荒蕪之前的我們不一樣了。當然，我們是無法再像從前那樣了。

轉化其實就是在形式上整個改變，許多悲傷中的旅者跟我說：「我現在跟以前完全不同了。」是的，他們的確是不一樣了。他們的內在已經改變，他們通常會從自己的智慧、感恩之心，以及他們的自我疼惜中成長。

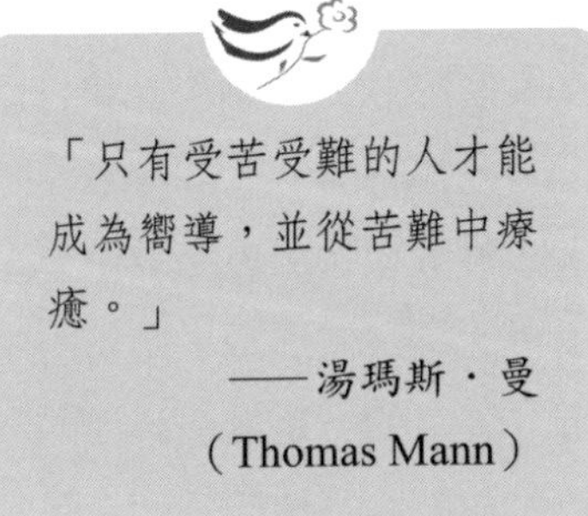

> 「只有受苦受難的人才能成為嚮導，並從苦難中療癒。」
>
> ──湯瑪斯・曼（Thomas Mann）

身為陪伴者，我們必須提醒自己，從所愛之人的死亡事件中成長，是人們最不願的遭遇。透過悲傷的確可使人們轉化成長，但無論你我，都不會自發地付出心力從失落的痛苦中經歷這種成長。

儘管我已經相信我們最了不起的能力往往來自於自己的傷痛，但這絕不是說我們會自討苦吃地找上傷痛。有了這層認識，並了解人們在悲傷旅程中，有安全且值得信賴的人來作伴時，他們在悲傷中的轉化將如何發生，我們不妨來探索一些悲傷成長的觀點。那麼，我所謂的悲傷中成長的真正意思是什麼呢？其實有很多可說，但最重要的幾個想法，將在此進行討論。

> 「失落給予我們盤點生活的機會，重新權衡輕重，並決定新方向。」
>
> ──席策（Gerald L. Sittser）

成長意味著改變

再次強調，人們因所愛之人的死而永遠改變。想要討論有關解決別人悲傷的議題，便意味著想要回到死亡事件之前的「舊樣子」，這說法就無法與我之前個人所經驗的，以及見證其他哀悼者所顯現的轉化現象吻合。哀傷不是事件的結束，而是開始。

哀悼中的人可能會發現她自己發展了新的生活態度，她可能對別人的感受和狀況更為敏銳，尤其是那些因失落而受苦的人。她可能有了新的洞察，形塑了她新的生活。她可能了解到每一個人的生命都是獨一無二的，是無法替代的。她可能接受了雖然不能使逝者復活，但可以在心中為他留一個角落的事實。她可能發現可以將充滿愛的珍貴回憶與新的互愛經驗整合起來，而且新的熱情將帶領她全心投入生活，直到生命結束。

當陪伴者運用了成長的概念，便能超越傳統喪慟照顧的醫療模式，在那醫療模式當中，我們學到的是將協助喪慟者的目標設定於使他回到原來的穩定狀態。然而回到內在的平衡，這並不像我從自己或從其他案主在悲傷歷程中所學到的那麼回事，這不能反映出因經歷失落而永遠改變的事實。使用成長的字眼，正表示著我們認同且尊重哀悼工作所帶來的轉變。

世上沒有任何人能夠完全走完哀悼歷程，我們陪伴者也不會因這個事實而感到震驚。認為人是可以克服悲傷的人，往往會一直努力於「振作起來」，但同時他們卻覺得好像缺少了什麼。這當中的矛盾便在於，若是有哪個人越想要「解決」自己的悲傷，他的心靈或生命動能就越會抗議。總之，解決是一個無法達成的目標。

「成長是一段不規則的變化：前進兩步，後退一步。記得這原則，並對自己溫柔些。」

——卡麥隆（Julia Cameron）

「如果你想找出結束的時間，那是徒勞無功的。」

——藏族諺語

我永遠記得，一位從我小團體退出的成員，她回家後寫了下面這段話給我：

> 我知道在自己的悲傷哀悼工作中（這要回溯至我的童年），我總是斷定且偷偷地相信，若是不能「解決」自己的失落感，把各式各樣的悲傷經驗做個了結，那就是我的「不對」……我一直評斷自己是能力不足或「不怎麼樣」的人。和解的概念把我從需要評斷自己的需求中釋放出來，並使我在「自己」裡面，以及相信我能用適切的方法「處理」事情的信念之中，體驗到十分特殊的經驗。

這位女士的心得巧妙地闡述了悲傷歷程是沒有終點的說法，哀悼者既不能回到先前的「內在平衡」，也不是「正常狀態」，而是不企求速度地終於達成新的內在平衡和新的正常狀態。是的，成長意味著新的內在平衡。

成長意味著探索有關生命的假設認知

因為某人的死，我們開啟自己的心房，邀請案主一起來看看有關於生命的假設認知。悲傷使哀悼者深入看到事情的真相，真正重要的是什麼。生命短暫，人生在世只有短短一瞬間，悲傷提醒了我們這一點，不只在理智層面，也在情感層面。這美妙的洞悉乃是來自正面迎向死亡事件的

> 「生命在改變，成長是選項，做好睿智的抉擇。」
> ——克拉克（Karen Kaiser Clark）

結果，而非逃離它。

是的，悲傷有辦法讓哀悼者的假設認知、價值觀和輕重權衡有所轉化，她先前所以為的重要考量——一棟好房子、一部新汽車——可能就不再那麼重要了。案主過去傾心於工作的習慣也可能變得微不足道，她可能不再認為物質和地位的價值比關係更重要。

對許多人來說，探索心理—靈性議題，比如「這整個過程，上帝在哪裡？」這種疑惑，將是這旅途中又長又艱難的部分。然而到頭來，討論這些有關生與死的假設認知，其實是可以使它們變得更為豐碩，也更具生命的真義。生命中的每一失落事件都需要進行意義搜尋，包括在靈性議題上本就會有的掙扎，這常會轉化案主對上帝及其人生信仰的視野。是的，悲傷意味著探索有關生命的假設認知。

成長意味著運用個人潛力

面對悲傷事實的過程，將喚醒許多哀悼者，他們會發現應用個人潛力的重要性。在某些情形，死亡所引起的失落事件似乎釋放了內在潛力，使我們發現自己的能力，並在人際上能夠有效地維持與他人的關係。

像「我是誰？」「我該對自己的生命做些什麼？」等重要問題常常不由自主地在悲傷情境中浮現，為了回答這些問題，將促使案主去追求答案。有位智者發現：「那些不去追尋的人，是不會有所發現的。」哀悼工作推動了這個搜尋的動作。

大致來說，找尋目標就是活在問題裡，此外也意味著人們能夠表達：「我的生命真的很重要嗎？」悲傷並非只是把哀悼者拖垮，它最終也能夠將此人高高舉起，然後就看當事人自己要如何去接納她新發現的潛力，並有創意地表達出來了。

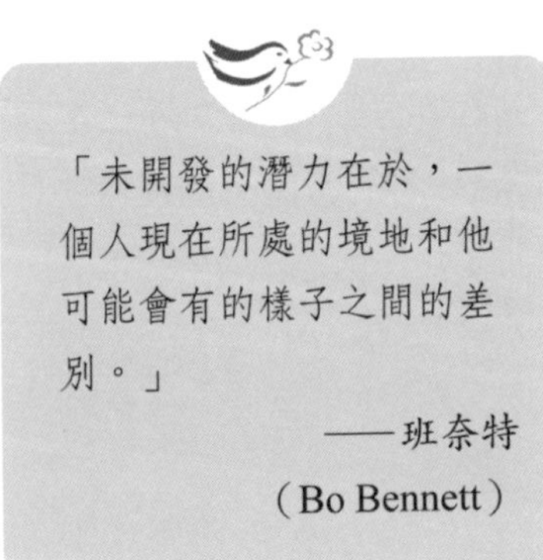

「未開發的潛力在於，一個人現在所處的境地和他可能會有的樣子之間的差別。」

——班奈特（Bo Bennett）

除非當事人與自己的目標達成協議，並能夠運用他的潛力，否則他是無法在生命中感到滿足的。當案主內心發現他正在運用自己潛力的時候——亦即將潛力運用在他的工作中，或休閒時，或與家人朋友的關係中，歡樂與感恩的感覺就會到來。

我相信悲傷迫使人們運用自己的潛力，正是為何許多哀悼者會繼續活下去，並協助其他悲傷者的原因。她不需要變成一位悲傷治療師，她可能以擔任志工的角色來協助悲傷支持團體，或當地的安寧病房；她可能外展去到需要幫助的鄰居家，或對自己的孩子、孫兒付出時間。以某些方式、樣貌或形式協助他人，對許多哀悼者來說，是發現自己能力並加以運用的重要過程。是的，成長意味著運用個人潛力。

成長意味著生活與愛再度自內心升起

憂傷是人們經驗裡不可分割的面向，我們在失落之後感到苦難，是因為我們是人。除了受苦受難，我們還會轉化，當敞開心房面對我們破碎的心靈時，便開啟了自己再次迎向重生和重活的生命，直到我們自己也死去。

因失去摯愛而傷心是件十分痛苦的事，相反的做法就是冷酷無情。冷酷無情其實就是沒有能力受苦的意思，而且這造成為了避免難過就逃避關係的生活態度。有些哀悼者選擇早在他們呼吸停止之前就先死了，他們無需再維持承諾、無需再去愛、無處可去，就像是他們的靈魂已死。有時，死亡本身可能並非生命中最大的失落；而是在我們還活著的時候，內裡有些什麼其實就已經死去了。

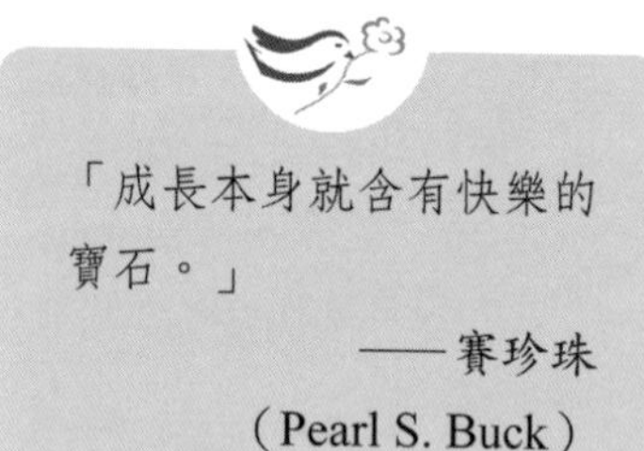

「成長本身就含有快樂的寶石。」

——賽珍珠（Pearl S. Buck）

無論逝者是我們多麼愛的人，真正哀悼的目的是重新發現繼續活下去並能夠再去愛的力量。雖然我們對死者的愛會持續下去，但若因為對逝者的愛而摒除了活著的人，我們就變成了活死人。

我真的相信，透過我們以開放的心靈持續活下去，並繼續付出愛的能力，那些在我們之前先離世的人才能一直活在心中。當我們能夠以愛對待家人朋友，就是向逝者給我們的愛表達敬意的方式，於是他們也跟著活了下去。若是我們不再活下去，不能再去愛，他們所給予的愛的禮物就失去了持續的目標。

無論一個人的悲傷有多深，或他的靈魂是多麼的痛苦，我們還是有責任要全然地活下去並付出愛，至死方休。如此做，方能見證悲傷和哀悼既能轉化又兼具恢復力的特質。

與哀悼者轉化中的靈魂作伴

是的，靈魂因所愛之人的死而改變了。本質上，悲傷功課就是一個屬於靈魂的功課，人們在哀悼中最需要的就是能有充滿愛的人來陪伴；感受且經驗到與他同行的人有意願，也能夠容忍哀悼的痛苦任務；能夠全然與他們同在；並能夠專注於他們的轉化和意義重建歷程。

> 「問題不會自己離去，它們必須要經過處理，否則它們就是留在那裡，成為靈性成長與發展永遠的阻礙。」
>
> ——史考特·派克（M. Scott Peck）

要做一位負責任的顛覆者，我們知道說出類似「現在是你該恢復正常的時候了」這樣的話語是很不智的。發揮我們的能力，放慢腳步並敬重這個歷程的發展，我們將見證到，哀悼者的心靈不時會有很細微卻十分真實的轉變。

各位是否注意到本書第二部的各「箴言」中，深藏著敬重這種轉化的概念——迷思、獨特的影響、悲傷反應的層面，以及哀悼的六個中心需求。相信這些十分基本的箴言可以幫助我們為案主製造神奇動力，不僅能夠好好地哀悼，也會好好地活下去、好好地付出愛。

結語

湯瑪斯・摩爾發現：「我們的科技將生活視為是一種需要解決的問題。」這使我看到另一個事實：我們的治療師將悲傷視為是一種需要治癒的疾病。希望各位同意我的看法，我們在悲傷中相互支持的做法是有需要改變的，現在該是面對此一事實的時候了。

經驗並接納失落的痛苦，就跟體驗愛的歡樂一樣重要，是生命中的一部分。所愛的人死了，這事件所產生的想法、感受和行為都是本來就該會有的，不可能置之不理，悲傷經驗是非常具有威力的。當我們在生命中遭遇到個人失落，就是一個自主抉擇的機會，為自己將如何運用這個悲傷之苦而做決定——通過它，我們將使自己的人生變得更好或更糟？

陪伴是愛的迴響

陪伴的最重要部分就是，有需要認知到大家是相互平等的，不是「治療師」和「病人」的關係。之所以相互平等，是因為我們都是人，都會遇到因失去摯愛而帶來的傷痛與苦難，而人是相互需要的。

陪伴關係只會發生在相互平等的狀態裡，若有任何人認為他對別人的悲傷歷程有較多的認識，這種想法就破壞了深植在無條件之愛裡的關係基礎。有些人正是我所稱的「超級專家」，忍不住會想要「處理」哀悼者，通常會——在有意無意間——想要達成某種程度的「結案」。當我們將雙方視為互相平等的個體時，就不會錯待對方。認知到人與人之間應該相互平等，就是一種愛的迴響。

陪伴也是一種帶有疼惜而好學地關注，當我們帶著謙卑的態度相互支持時，便對另一個人開啟了自己的心房。好學而想要了解的心使我們脫下專業的面具，為哀悼者建立莊嚴肅靜、親切且自在的空間，這在不喜哀悼的文化中，是需要花時間並用心經營的。帶著疼惜而好學地關注使我們能夠延伸自己的視野，而非退縮在自己的世界裡。是的，陪伴讓我們得以延伸自己、敞開心房、保持靜默並真正傾聽。

陪伴也需要靠我們的意願，願意拒絕將悲傷視為病理，不把自己的角色想作是拔除情緒與心靈苦難的人。我們必須對荒蕪之境順服，願意漫步其中、走入迷霧。我們必須知道，前有混亂、騷動、失序，甚至絕望；所謂的「負面」情緒和經驗，其實並不危險，一場糊塗自有它的安身之處。悲傷失落和改變總是起始於動盪不安之處，我們若拒絕混亂，就無法陪伴他人。失落的整合通常發生於某個不經意的角落，我們無需用理智來面對案主，而是需要用心靈與他作伴。

正如我們面對個人失落經驗的抉擇，陪伴悲傷中的人也使我們同樣面對著自己生命經驗的抉擇。我們可以選擇幫助他人卻躲著不管他們的悲傷；或我們可以支持陪伴此人，跟他一起完全進入他的悲傷之中。如果我們選擇達成後者，就有可能成為神奇動力的催化劑，並使夥伴重新感受到生活中的意義和目標。

我一直以來都深受佛洛斯特（Robert Frost）的經典名詩所感動，其中有一段寫著：「兩條分岔的道路沒入林間，而我——我選擇了足跡較少的那條，因此帶來全然不同的結局。」陪伴不是一種技巧或療方，它是一種哲理，也是我們生命每時、每天、每週、每月、每年該修習的學科。對我來說，「所選的路」就是：

- 在照顧陷入悲傷者的工作中找到熱情和目標。
- 參與那些可使我生活豐富且有目標的事情。
- 每天都對家人朋友懷著感恩之心。
- 以發展我靈性的潛力，嘗試達成我的天命。
- 努力「回報」別人對我的付出。
- 注意那些需要我關注的事務，並付出關心。
- 走向大自然，並對宇宙之美心懷感恩。
- 祈禱我的生活有目標，並運用我的能力去寫書、開辦工作坊或照顧我的孩子。
- 走過我自己與悲傷的掙扎，並了解就是要去處理這些傷痛才能使我與他人連結。

我們每個人每天都有機會成為陪伴者，傾聽自己的心聲，並保持好學的態度而不預設立場。非常感謝各位花時間把這本書讀完，我希望你會選擇讓自己把心房打開，去面對經歷哀傷的人。當開啟心房，你就能接收到生命所帶來的樣貌，有快樂，也有悲傷，藉由「保持開放」，你便建立了一條通往全然活在生命裡的道路，至死方休。

國家圖書館出版品預行編目（CIP）資料

見證幽谷之路：悲傷輔導助人者的心靈手冊／
Alan D. Wolfelt 著；章惠安譯. --初版.
-- 臺北市：心理, 2012.06
面； 公分. --（心理治療系列；22135）
譯自：Companioning the bereaved: a soulful guide for caregivers
ISBN 978-986-191-505-0（平裝）

1. 心理治療 2. 心理輔導 3. 悲傷

178.8 101010416

心理治療系列 22135

見證幽谷之路：悲傷輔導助人者的心靈手冊

作　　者：Alan D. Wolfelt
校 閱 者：林綺雲、李玉嬋
譯　　者：章惠安
執行編輯：林汝穎
總 編 輯：林敬堯
發 行 人：洪有義
出 版 者：心理出版社股份有限公司
地　　址：231 新北市新店區光明街 288 號 7 樓
電　　話：(02) 29150566
傳　　真：(02) 29152928
郵撥帳號：19293172 心理出版社股份有限公司
網　　址：http://www.psy.com.tw
電子信箱：psychoco@ms15.hinet.net
駐美代表：Lisa Wu（lisawu99@optonline.net）
排 版 者：龍虎電腦排版股份有限公司
印 刷 者：竹陞印刷企業有限公司
初版一刷：2012 年 6 月
初版五刷：2019 年 8 月
I S B N：978-986-191-505-0
定　　價：新台幣 250 元